제33회 전태일문학상 수상작품집

나는 자존감 높은 우편화물 기사

제33회 전태일문학상 수상작품집

나는 자존감 높은—— 우편화물 기사

공창덕 외 지음

아름다운 전태일

머
리 ————
말

전태일의 노동해방, 인간해방 정신을 기념하기 위해 1988년
에 제정된 '전태일문학상'은 2025년 올해로 33회를 맞이했다.
올해부터 전태일문학상에 두 가지 변화가 있다.

평화시장 재단사로 일하던 열여덟 살부터 사회의 모순과 고
민을 기록하기 위해 일기를 썼던 전태일처럼, 노동하는 평범한
사람들의 일상을 담은 진솔한 글을 모으고자 공모 부문을 에세
이로 집중하기로 했다. 덕분에 150명의 응모자가 보내준 300편
의 글을 모아볼 수 있었다. 노동하는 평범한 사람의 삶을 그린 글
이 사라져간다는 세간의 우려와 달리, 일하며 읽고 쓰고 말하는
사람들은 언제나 어디에나 여전히 있었다. 이를 다시 한번 되새

기는 이번 수상 작품집은 서로의 삶을 공유하고 이웃의 안부를 묻는 글을 모아 만든 작은 축제 같은 지면이다. 함께해주신 모든 분께 감사드린다. 삶의 현장을 나눠 주신 소중한 글 중에서도 심사위원들의 눈과 마음을 사로잡은 여덟 분의 뜨거운 글을 지면으로 소개할 수 있어 기쁘다. 특히 다양한 세대, 연령, 젠더, 직업, 장애, 섹슈얼리티…… 등을 망라한 수상자들의 글을 모은 이번 수상 작품집은 우리 공동체 동료들의 삶을, 그 슬픔과 기쁨을 생생하게 살펴볼 기회가 될 것이다. 심사로 수고해주신 서고운, 천현우 작가와 오혜진 평론가께도 감사드린다. 다양한 현장의 목소리에서 '액화 노동'이라는 동시대 노동 문제의 최전선을 선별해주셨고, "언제나 '나중'으로 밀려나던 사회적 소수자들이 민주주의를 지키는 주체"임을 새삼 확인하는 글들을 모아주셨다.

아울러 올해부터 '전태일작가상'을 신설하여 전태일문학상의 진폭을 더 넓히고 더 많은 독자와 전태일 정신을 나누고자 했다. 지난 한 해 동안 출간된 시, 소설, 에세이 등 단행본을 대상으로 노동하는 사람들의 삶을 담아내고 더 나은 세계를 지향하는 성취를 담은 작품을 기리기 위함이다. 첫 수상작으로 김기태 작가의 『두 사람의 인터내셔널』을 선정했다. 김기태 작가의 소설은 지나간 시절의 정치적 구호에 대한 향수에 젖거나, 동시대의 잔인함에 굴복하지도 않는다. 그 어느 쪽에 쉽게 매몰되지 않고 구체적인 삶의 장면에서 우리 시대의 연대를 찾아낸 작품이었다.

우리 시대의 인터내셔널, 새로운 희망을 보여준 작가의 다음 작품을 기다리는 동안, 김기태 작가의 수상 소감을 읽어보는 감동을 놓치지 마시길 바란다. 「공터 아닌 공터에서」는 평범한 시민인 동시에 작가로 살아가는 개인 김기태가 '전태일 정신'을 품고 산다는 것에 대해 누구보다 치열하게 고민한 흔적을 담고 있다. 진지한 운동이나 현실 정치에 헌신하지 않더라도, "누구에게나 자기 몫의 의자와 맥주 한 잔이 있어야 한다는 주장에 동의해줄 적지 않은 이들, 양심이라고 부를 만한 모종의 감수성을 공유"하는 모든 이들의 마음에 전태일 정신이 없지 않다. "정치적 실천의 계기나 방법을 발견할 수 있기를, 누군가 등을 살짝 떠밀어주길 기대하면서" 전태일문학상 수상작품집을 읽어주시길 바란다. 작가의 고백처럼, 문학은 그런 일을 해내는 최적의 자리다.

미래의 전태일에 주목하는 전태일청소년문학상은 올해로 20회를 맞이했다. 이번 청소년 문학상에도 220여 명의 응모자가 소중한 작품을 응모해주셨고, 그만큼 치열한 심사를 거쳤다. 운문 부문에서는 권창섭, 주민현 시인과 최다영 평론가가 수고해주셨고, 산문·독후감 부문에서는 강도희, 김미정 평론가와 우신영 작가가 힘을 보태주셨다. 심사가 끝난 뒤, 모든 심사위원께서 입을 모아 말씀해주신 것이 있다. 저마다의 관점으로 세계를 바라보는 성실한 작품, 타인과 더불어 살기 위한 고민을 담은 다정한 작품을 읽는 내내 큰 보람을 느꼈다고. 더 많은 용기와 깨달음을 나눠 주는 청소년문학상 수상작품을 읽으며 독자 여러분도 이 보람에 공감해보시길 바란다.

전태일문학상 역시 평범한 사람들이 일구어가는 용기와 깨달음을 모아내는 일에 최선을 다하겠다. 인간으로서의 존엄을 이야기하는 일은 때로 고통스럽고 슬프지만, 그 이상으로 기쁘고 즐겁고 아름답기도 하다는 사실을 모두에게 전하고 싶기 때문이다.

전태일문학상 운영위원

김건형, 김보경, 박미경, 윤종현, 이지은

우편화물차량 운전기사가 되기까지

——————————————————— 외 1편

공
창
덕

공창덕

우편화물차량 운전기사가
되기까지

    2007년 8월, 대학원을 졸업하고 취업하는 것이 쉽지 않았다. 같은 해 11월, 장애인 취업박람회를 통해 현재 회사의 운전직으로 입사해 올해로 18년째 근무하고 있다.

    2007년 11월 14일, 출근 시간이 12시라고 해서 부천시와 인천시 경계에 위치한 대형 운전면허 학원에 등록을 하고, 부천우편집중국으로 출근했다. 부천 영업소 소장은 정식 입사일을 12월 1일자로 정하고, 그때까지는 아르바이트 형식으로 일하면서 대형 운전면허를 취득하라고 했다. 그 이전부터 하는 일과는 상관없이 1종 대형 운전면허를 취득하고 싶은 마음이 있었는데, 결국 생업을 위해 취득하게 된 것이다. 학원에서 3일 동안 같은 코스를 반복해서 연습해보니, 할 수 있을까 하는 두려움은 할 수 있겠다는 자신감으로 바뀌었다. 학원에 등록한 지 일주일째 되는 날에 시험을 치렀다. 100점 만점에 95점으로 대형 운전면허를 손에 쥐었다.

내가 우체국 물류지원단에서 처음으로 배정받은 운송 코스는 부천 지역으로 상동 우체국에서 중3동 우체국까지 여섯 곳의 우체국을 2.5톤 마이티 차량으로 2회에 걸쳐 우편물을 수집해 오는 것이었다. 아무리 대형 운전면허를 취득했다고 하더라도, 승용차 운전 경력 5년 차가 적재탑까지 갖춘 화물차를 운전하는 것은 쉽지 않았다. 거기에 더해, 우편물은 또 왜 그렇게 많은지 2.5톤 탑차의 화물칸을 가득 채웠다. 일주일 정도는 근육통에 시달려야 했고, 한 달 정도 지나서부터는 손가락 관절들이 아파오기 시작했다. 손가락 관절 통증은 우편물의 상하차 요령을 익힌 뒤, 6개월 정도 시달리다가 사라졌다.

입사 3개월 후, 코스에 적응할 만해지니까 이번에는 먼 곳으로 운행 코스가 바뀌었다. 김포시 대곶면, 양촌읍을 거쳐 고촌읍까지 1톤 차량으로 여섯 곳의 우체국을 다녀오는 코스였다. 이 코스는 얼마 지나지 않아 물량의 급증으로 2.5톤 차량으로 변경되었다. 운전이 서툰 탓에, 그리고 부주의한 탓에 크고 작은 사고가 발생했다. 잊을 만하면 접촉 사고가 났고, 우체국 건물 주변 기물을 파손하는 등 사고의 종류도 다양했다. 사고 처리에 대해서는 선배들에게 들은 철칙 같은 조언이 있다. 사고가 발생했을 때, 처리 비용이 일정 금액 이하일 경우에는 절대 보험 처리를 하지 말고 자비로 처리하라는 것이다. 나중에 정규직 발령 시에 인사고과에 가장 크게 반영되기 때문이었다. 내가 18년 동안 자비로 처리한 사고 처리 비용이 어림잡아 백만 단위 후반 정도가 될 것이다. 나는 지금도 내가 우리 회사에서 운전을 가장 못한다고 생각하며 업무에 임한다. 운전은 집중해서 천천히 하는 것이 중요하기 때문이다. 최근에는 사고의 비율이 줄어든 편이다. 어찌 됐든 14년째 무사고로 기록되어 있다.

입사 초기, 내 운전 실력은 부천시 관내 우체국 직원들 사이에서 '위험 인물(블랙리스트)'로 소문이 날 정도였다. 운행 코스가 바뀐 어느 날, 원미동 우체국에 도착했더니 우편 담당 직원이 내 이름을 확인하고는 중얼거렸다. 왜 그러냐고 물으니 자초지종을 이야기해주었다. 불안해 보이는 외모에 부족한 운전 실력까지 더해져 이를 증명하듯 부천시 관내 몇몇 우체국의 기물을 파손한 일도 있었기에, 직원들 사이에서는 내가 '요주의 인물'로 소문이 자자하다는 것이다. 나는 언짢은 기분보다는 웃으면서 나의 운전 미숙을 인정하고, 앞으로는 더욱 주의를 기울여 임할 것이니 너그럽게 봐달라고 했다.

그렇다고 사고만 치는 것은 아니었다. 당시 회사에서는 해마다 우체국 직원들을 대상으로 설문조사를 실시해 친절 직원을 선정하는 제도가 있었다. 어느 해에는 부천시 관내 우체국 직원 모두가 나를 선정한 적이 있었다.

괴안동 우체국에서 우편물을 싣고 출발하려는데, 국장이 손님 한 분을 모시고 가라고 했다. 부천우편집중국 근처인 오정동 우체국 앞에서 하차할 때까지 손님과 대화를 나누며 오게 되었다. 50대 후반으로 보이는 백발의 여성으로 설문조사원이었다. 차량에 승차해 본인의 신분을 밝히며 내게 말을 건넸다.

"저, 직원 중에서 혹시 공창덕 씨를 아시나요?"

뜻밖에 내 이름이 호명돼 당황했지만, 무슨 일이냐고 물었다.

"아니 저 그게…… 부천시 관내 우체국에서는 모두 공창덕 씨를 선정했어요."

"아, 그렇군요."

"내가 설문조사원을 몇 년을 했는데, 이런 경우는 처음입니다."

나는 괜히 수줍어져서,

"공창덕이 접니다." 하고 밝혔다.

"아, 네…… 그러시군요. 직접 뵈니 그럴 만한 것 같습니다."

몇 년이 지나서는 발렌타인데이, 화이트데이, 빼빼로데이와 같은 날에 사비를 조금 들여 우체국 직원 수에 맞춰 목캔디나 막대과자를 구입해 전달하며, 직원들에게 좀 더 편안하게 다가가려고 노력했다. 이런 노력의 결과는 내 결혼식 날에 나타났다. 결혼식에 참석하거나 축의금을 보낸 우체국 직원들이 상당히 많았다. 다른 지역으로 옮긴 뒤에도 지금까지 연락하고 지내는 직원이 있을 만큼 그들과 높은 신뢰감을 쌓아가고 있다.

우체국 직원들 대부분이 서로에게 신뢰감을 가지고 대하지만, 우리 회사 직원들을 은근히 무시하듯 대하는 직원들도 있었다. 아무래도 우리 회사가 우체국의 전체 업무 중의 일부를 수행하는 기관이기 때문이기도 했지만, 운전직이라는 직업에 대한 멸시가 담겨 있지 않나 싶다. 아니면 무의식적으로 자리 잡혀 있는 '갑을 관계' 인식으로 인해, 그냥 하대하는 나쁜 관습이라 해야 하나. 나는 이에 대해 우체국 직원들에게 우리는 우편물로 함께 밥 먹고 사는 동업자적 마인드가 필요하다고 강조한다.

내 운전 실력이 형편없는 수준이다 보니 기본적인 수집 운행 코스 업무만 하게 되었고, 회사에서도 선뜻 정상적인 로테이션 업무에 투입하지 않았다. 우리 회사의 고유한 업무 특성상 기술급 직원들은 급여의 3분의 1이 시간외수당, 야간수당 등의 실적급으로 채워진다.

2008년 추서 명절 대비 특별 소통 기간 때 새벽에 소기 출근해 처음으로 5톤 차량을 운행하기 시작했는데, 물량이 가장 많은 화요일 새벽에만 조기 출근해 약간의 시간외수당을 챙길 수 있었다. 그러다 보니 입사 후 3년이 조금 넘는 기간 동안 약간의 실적급이 발생하는 것 외에는 기본급을 벗어나지 않는 월급을 받았다. 지금은 50~60시간 정도의 시간외근무를 하고 있지만,

당시에는 정상적인 순환 복무를 하는 직원들의 평균적인 시간외근무 시간은 100시간 정도였다. 나는 그것에 비하면 5분의 1 수준의 시간외근무를 했다.

기술급 운전직 직원들은 정규직, 계약직, 기간제(당시에는 '대무사역')로 구분되어 있다. 나는 계약직으로 입사했다. 입사 당시 계약직이라고 하기에 당연히 수습 3개월 기간을 거친 뒤 정규직으로 전환되겠거니 생각하고 있었다. 그러나 3개월이 지나도 정규직 발령 소식은 들려오지 않았다.

그로부터 얼마 뒤에 우리 회사의 정규직 발령 실태에 대해 알게 되었다. 계약직으로 입사한 것도 어떻게 보면 특혜에 가까웠다. 그러나 비정규직으로 근무하는 기간이 너무 길었다. 나는 정규직이 되기까지 만 9년의 세월을 견뎌내야 했다. 지금은 많이 개선되었지만, 당시만 해도 기간제와 계약직 같은 비정규직 사원들은 여러 가지 차별을 감내해야 했다.

입사 당시의 기본급 126만 5000원은 몇 년이 지나도 그대로였다. 시간외수당과 야간수당 등의 실적급도 인상되지 않은 기본급을 기준으로 정규직은 60%, 기간제는 50%만 계산되어 지급되었다. 무엇보다도 정규직과 비정규직의 가장 큰 차이는 상여금의 지급 여부였고, 성과급에서도 많은 차이가 있었다. 일의 양은 훨씬 많으면서 수입은 훨씬 적은, 어처구니없는 차별을 견뎌내기가 쉽지 않았다.

정년퇴직 전까지 16년을 동고동락했던 윤경하 형님께서는 오죽했으면 이런 푸념을 하셨을까?

"창덕아, 추석 소통 기간 때 뺑이 치며 150시간 가까이 일을 했는데 200이 안 된다."

"형님, 얼마 받으셨는데요?"

"196만원…… 푸하하하."

형님의 자조 섞인 슬픈 웃음에 나도 따라 크게 웃었다.

차별은 급여에만 한정된 것이 아니었다. 예전에는 3년에 한 번씩 직원들에게 트레이닝복이 지급되었다. 내가 입사한 지 2년 후 처음으로 트레이닝복을 받았을 때, 계약직 직원까지만 지급이 되고 기간제 직원들에게는 지급되지 않았다. 이전에는 지급되었다고 한다. '이런 것마저 차별하나' 싶은 생각에 화가 나서 본사에 전화해 너무한 처사 아니냐며 항의했다. 그다음부터는 다시 트레이닝복이 기간제 직원들에게도 함께 지급되었다.

몇 년이 지나 부평우편물류센터를 포함해 서서울, 동서울, 안양 물류센터가 설립되어 소포 운영 사업이 시작되었고, 이에 따른 직제 개편도 이루어졌다. 기술급에 물류직이라는 새로운 직군이 추가된 것이다. 운전직 직원들을 대상으로 환직 신청을 받았다. 나는 물류센터 관리 경력과 물류관리사 자격 등을 내세워 지원을 했지만, 단지 계약직이라는 이유만으로 거절당했다. 이번에도 본사에 항의 전화를 했다. 대한민국 공공기관이 채용에 있어서 공정성과 형평성에 어긋나는 행위라고…… 이렇게 되어서는 안 된다고……. 마음 같아서는 행정소송이라도 제기하고 싶은 심정이었다.

이렇듯 비정규직 직원들의 차별에 대한 불만은 쌓여만 갔다. 우리 비정규직 직원들은 이렇게까지 요구했다. 비정규직인 것을 인정하며 '동일노동 동일임금의 원칙'을 바라지도 않는다. 다만 정규직 전체 급여의 80% 수준이라도 맞춰달라고 요구했다. 이 시절 우리들의 요구 사항들은 최근 몇 년 사이에 많이 개선되었다. 비록 최저임금에 맞춘 기본급이지만, 예전처럼 실적급을 60%, 50%로 차등 지급하지 않는다. 명절에는 상여금도 지급되고 있으며, 20만 원의 직무수당도 별도로 지급되어 급여 수준의 차이가 줄어들었다. 무엇보다 정규직 전환의 기회가 훨씬 많아졌다.

우연의 일치일지는 모르겠으나 당시에는 이명박 정부가 집권하던 시기였다. 친기업 정책의 일환으로 우편 관련 공공 업무도 민영화하기 위해 많은 노력을 기울이던 시기였다. 공공기관으로서 정권의 정책 방향에 따라 운영 방침이 전환될 수밖에 없는 현실이기도 했다.

2011년 늦가을, 부천 사업소에서 성남 사업소로 발령이 났다. 나만이 아니라 비정규직 사원들만 선택적으로……. 부천 소속의 비정규직 3명은 성남으로 4명은 동서울로, 서울 소속의 비정규직 3명은 성남으로, 동서울 소속의 비정규직 4명은 부천으로, 성남 소속의 비정규직 3명은 부천으로……. 이런 식으로 최대한 거주지와 먼 거리로 발령을 낸 것이다. 우리 비정규직 직원들은 '그만두라'는 의미로 받아들였고, 노동조합 사무실에서 모임을 갖고 이에 대항하기로 의견을 모았다. 이에 따라 행정소송을 진행하게 되었고, 100여 일의 기간 동안 사측과의 법리 다툼 끝에 원래의 소속 사업소로 복귀할 수 있었다.

성남 사업소에서 약 100일 정도 근무하면서 직원들이 잘 대해준 덕분으로 별다른 문제 없이 업무에 임할 수 있었다. 일부 직원들은 부천 사업소로 복귀하지 말고 성남 사업소에서 계속 근무하는 것을 제안하기도 했다. 여러 가지 면에서 성남 사업소에서 근무하는 것이 나에겐 유리한 점이 많았으나, 고향인 부천을 떠나기는 쉽지 않았다. 성남 사업소에서 근무하면서 시간외수당을 많이 받다 보니, 부천 사업소로 복귀하여 정식 순환 근무는 아니어도 근무 시간을 늘려달라고 요청했고, 월요일의 야간 근무와 회요일의 조기 출근 등으로 시간외수당을 늘릴 수 있었다.

그러던 중, 2011년 봄에 큰 사고가 일어났다. 수집 업무 마치고 5톤 차량으로 성남우편집중국을 다녀오라고 했다. 복귀하던 길에 시흥IC부터 정체가 되어, 빠져나와 소사동 길로 향했다. 날씨는 진눈깨비가 살짝 내려 도로가 조금 미끄러운 상황이었다.

할미고개를 넘어서 2차선을 따라 국민체육센터를 지나가고 있는데, 개인택시가 1차선에서 2차선으로 변경을 하고 있었다. 내가 조금 늦게 반응한 걸까. 앞쪽으로 진행하면서 그 택시를 피하려 핸들을 오른쪽으로 돌렸다. 택시는 잘 피했지만, 인도를 올라타 신호등 전신주를 들이받고 멈춰 섰다. 그런데 더욱 큰일이 발생했다.

전신주와 충돌하기 전에 인명사고가 발생한 것이다. 20대 초반 여성이었고, 사고 택시를 잡기 위해 서 있다가 내 차에 부딪혔다. 그 여성은 사고 발생 지점에서 5미터 정도 떨어진 곳에 정신을 잃고 엎드린 자세로 쓰러져 있었다. 나는 내 차가 인명사고를 내고 전신주에 부딪히는 순간 두려움에 떨며 비명을 질렀다. 온몸에 식은땀이 흘렀고, 일단 차 밑에 떨어진 휴대전화를 챙겨 차에서 내렸다. 바로 여성의 상태를 확인하고, 119에 신고를 했다. 그리곤 회사에 연락을 취했지만 사무장의 무책임한 말만 돌아왔다. 나는 보험사에 연락을 취하고 나서 윤경하 형님에게도 전화했다.

119 구급차가 오고 환자의 상태를 확인했다. 경찰이 현장 조사를 하면서 내게 질문을 계속했는데, 대답하는 내 모습이 이상했는지 구경을 하던 30대 초반으로 보이는 남성이 "이 아저씨 술 마신 것 같아요"라며 한마디 던졌다. 그리고는 이내 슬그머니 사라졌다.

윤경하 형님이 도착해 경찰에게 신분을 밝히고 내 말을 거들려고 하자, 다소 불편하더라도 본인이 직접 진술해야 한다며 제지했다. 윤경하 형님은 새벽까지 소사경찰서와 피해자가 입원한 부천성모병원 응급실까지 동행해주었다. 형님 말에 따르면, 사고 현장에 도착해서 내 얼굴을 보니 완전 사색이 되어 있었다고 한다.

생전 처음 겪은 큰일을 경험하고 나서, 더욱 값진 깨달음을 얻었다. 피해 보상에 대해 고민을 하고 있었다. 문득 떠오른 것이 있었다. 보험계약 증권을 모두 꺼내서 다시 살펴보았다. 암보험의 계약 내용에 추가로 운전자 보험 성격의 항목들이 들어간 것을 보고 안도의 한숨을 내쉬었다. 그러나 당시만 해도 선처리 후지급 방식이었다. 합의금과 벌금 등 사고 처리 비용을 구해야 했다.

당시 원미경찰서에 근무하던 친구 임원상의 도움으로 사고 처리를 원활하게 진행될 수 있었고, 검찰에 근무하던 친구 김기표의 노움으로 민형사상 처리를 편리하게 할 수 있었다. 그리고 비용에 대해서는 이태훈, 유용국, 신명석에게 부탁했다. 태훈이와 용국이는 며칠 이내의 이웃돈을 빌려줄 수 있다고 해서 어쩔 수 없이 내가 고사했고, 명석이에게 550만 원을 빌리게 되었다. 어찌하다 보니 모두 중학교 시절 친구들이었다. 다들 한 치 망설임도 없이 선뜻 나서 주었다.

내 생애에서 처음 겪는 큰 사고였지만 주변 사람의 진심 어린 도움으로 잘 해결할 수 있었다. 사고가 난 뒤 연락하자마자 바로 택시를 타고 달려와 끝까지 곁에 함께 있어준 윤경하 형님, 사고 처리 절차에 도움을 준 원상이와 기표, 큰돈이 필요하다는 요청에 선뜻 내어주겠다고 한 태훈이와 용국이 그리고 명석이까지……. 나는 주변 지인들의 진심 어린 도움을 받았고, '내가 그동안 잘못 살지는 않았구나' 하는 생각과 '앞으로 더욱 잘 살아야 되겠다'는 다짐을 하게 됐다.

참! 감사하다!

명석이는 몇 년의 세월이 흘러서, 이때의 이야기를 하다가 비하인드 스토리를 밝혔다.

"명석아, 그때 그 돈은 갑자기 어떻게 마련했냐?"

"비상금이라도 있었냐? 아님, 적금 깼냐?"

"내가 그만한 돈이 어디 있었겠냐? 마이너스 통장 만들었지."

"나도 그 덕분에 그 돈으로 잘 활용했다."

회사에서는 사고에 대해 징계위원회에 '감봉 1개월'의 처분을 내렸다. 사고 규모에 비해서는 다소 가벼운 결정이었고, 감봉 규모는 기본급의 5% 삭감이었다.

나는 위기나 어려움을 겪은 뒤에는 주눅들기보다 오히려 용감해지는 경향이 있다. 대형 사고를 경험한 몇 개월 뒤, 그동안 두려워서 못했던 정식 순환 복무를 하겠다고 했다. 사고 발생 2년 전부터 윤경하 형님이 순환 복무를 적극 권유했지만, 11톤 차량의 운행에 대한 두려움이 많아서 선뜻 하겠다고 나설 수가 없었다.

야간 근무를 시작하고 8톤 차량으로 수원우편집중국을 다녀오고 나서 대형 차량 운행에 자신감을 가질 수 있었다. 이후 3개월 동안 대부분의 순환 복무를 소화하고 나서, 왜 진작에 안 했을까 하는 후회를 했다. 두려움의 대상이었던 가장 크고 긴 11톤 차량을 운행하고 나서 바로 5톤 차량 운행을 해보니, 그렇게 커 보이던 5톤 차량이 장난감처럼 느껴졌다.

앞서 밝혔듯이 나는 잊을 만하면 사고가 났다. 2~3년에 한 번씩 난 것 같다. 그때마다 자비로 메꾸면서 힘들게 버텨왔다. 2016년에도 사고가 발생했다. 8톤 차량으로 운행하다가 접촉 사고가 났다. 그때 첫 번째로 들었던 생각이 '이제 그만해야겠다'는 것이었다. 정규직이 언제 될지도 모르겠고, 잊을 만하면 사고를 내서 돈을 물어내고…… '힘들다…….'

사고가 난 뒤에 사무실로 복귀해 보험 처리하고 그만두겠다고 했다. 그런데 얼마 뒤 정비사 중 한 명이 오더니 내게 말을 건넸다.

"창덕이, 그리지 말고 내가 알아보니 6 대 4 정도 나왔는데, 상대방에게 현금 50만 원 주고 회사 차량 수리는 우리가 하고 부품값만 지불해서 처리하면 어떻겠냐?"

나는 고민을 하다가 그렇게 하겠다고 했다.

10년의 세월을 비정규직으로 버티게 한 힘은 정규직에 대한 '희망'과 함께, 버틴 것이 아까워서라도 정규직이 되고 말겠다는 '오기'도 있었다. 고용과 급여 수급의 안정성 때문이었다.

그렇게 사고를 처리하고 한 달이 지나서 정규직 전환 공고가 게시되었다. 그런데 전환이 아닌 '채용'이었다. 노동자들이 원해서 비정규직이 된 것이 아니라, 회사에서 만들어놓고 활용한 것인데, 비정규직 생활을 부정당하는 것 같아 기분이 좋지 않았다. 비정규직 경력의 70%만 인정해준다고 했다. 현재는 정규직 9년 차가 되었고 호봉도 그만큼 올랐다. 작년에는 무사고 13년이 되어 1호봉 승급의 혜택도 받았다.

3년에 한 번씩 노동조합 위원장 선거가 치러졌다. 내가 입사하고 몇 년 동안은, 노동조합 위원장 선거 때만 되면 함께 근무하는 동료들이 바닷물이 갈라지듯 세력으로 나뉘어 대결하는 것이 신기했다.

2020년에도 노동조합 위원장 선거가 있었다. 나는 대의원에 출마해 선출되었다. 노동조합 대의원 활동은 코로나19 유행으로 인해 활발하게 하지는 못했다. 주로 판공비를 비롯한 비용의 사용에 대한 것과, 비정규직 조합원들을 위해 목소리를 내려고 노력했다. 2026년에 치러지는 노동조합 위원장 선거에서는 부천 사업소의 지부장에 출마할 예정이다. 은퇴를 앞둔 시점에서 노동자 후배들을 위해 해줄 수 있는 마지막 봉사라는 마음으로 소임을 다할 생각이다.

　대학원을 졸업한 뒤 원하는 직업을 갖지 못하고, 지금의 일을 18년째 계속하고 있다. 아깝지 않느냐는 질문을 가끔 받는다. 그에 대한 내 대답은 "아깝지만 후회는 없다"는 거다. 원하는 직업을 가지지는 못했지만, 내 사고 체계는 크게 개선되었다. 그것만으로도 넘치게 만족하고 감사하다. 대학원에 다닐 때 함께했던 구성원들은 인천대, 가톨릭대, 서울대, 학사 고시, 한국해양대, 이화여대, 단국대, 한국방송통신대 등 다양한 대학 출신들이었다. 인천대학교 동북아물류대학원에서 함께 물류학을 연구하고 배움을 추구하러 모였을 뿐, 이전 출신은 아무도 인식하지 않았다.

　마찬가지로 우체국물류지원단에서 운전직으로 근무하는 동료들도 중졸, 고졸, 대졸 등 다양한 학력을 가진 구성원이 일을 하고 있지만, 그것이 사람을 구분하는 아무런 기준이 되지 않는다. 모두가 같은 직장 동료일 뿐이다.

　그동안에는 다른 사람과의 치열한 경쟁에서 뒤처지지 않기 위해, 남들과 비교하며 뒤에서 따라가는 삶을 살아왔다. 스트레스를 많이 받기도 하고 만족도 하지 못하는 힘든 삶이었다. 그러다 보니 '행복'이라는 개념에 대한 질문에는 항상 부정적인 대답을 할 수밖에 없었다. 이러한 생각들은 대학원 졸업을 계기로 해서 내 삶에 대한 자세가 바뀌게 되었다. 남과 비교하지 않고 진정 나를 위해 살고자 하는 마음으로 전환되었고, 자존감이 높아졌으며, 삶의 모든 일에 대해 감사함이 많아졌다.

나는 뇌성마비 장애를 가진, 자존감 높은 우편화물차량 운전기사다.

공창덕

영화 〈태일이〉를 통해 본
내 열여덟 살 시절

    2021년 12월 15일 수요일, 아내와 함께 부천시청 1층 판타스틱 큐브에서 애니메이션 영화 〈태일이〉를 보았다. 부천시비정규직근로자지원센터에서 진행하는 이벤트에 선정이 되어 무료로 관람하는 행운을 누렸다. 15년 전에는 『전태일 평전』을 탐독하기도 했다. 한참 전에는 조정래 소설 『한강』을 읽었는데, 『전태일 평전』에서 60~70년대 미싱사들의 애환을 그린 부분이 떠오르면서, 내가 봉제공장 재단 보조로 일하던 80년대 후반의 상황까지 되살려 추억해 보기도 했다.

    영화 〈태일이〉는 10대의 나이에 갖은 고생을 하다가 동대문 평화시장에 있는 '한미사'라는 봉제공장에 재단 보조로 취업해,

열악한 근무 환경과 불합리한 근로 조건으로 일하다가, '근로기준법'이라는 존재를 알게 되면서 당시의 '산업의 역군'이라는 구호 아래 노동자들이 겪고 있던 처절한 현실 앞에, 그들을 위해 온몸 바쳐 불의에 투신한 '전태일'이라는 20대 초반의 젊은 청년의 이야기다.

동대문 평화시장에 있는 '한미사'라는 봉제공장에 재단 보조로 출근한 첫날 만난, 공장 안에서 숙식을 해결하는 10대 초반의 어린 소녀들…… 미싱사를 꿈꾸며 시다(미싱사 보조)를 하는 아이들과, 결핵에 걸린 18세 소녀 가장 미싱사 영미……. 영화의 전체 줄거리는 많은 부분이 내 청소년 시절과 맞닿아 있어서, 영화를 보는 내내 쉽게 몰입할 수 있었다.

중학교 3학년이던 1986년 가을로 기억을 거슬러 올라가 본다. 나는 뇌병변과 청각 장애를 가지고 있다. 친구들이 고등학교 진학을 놓고 인문계냐 실업계냐를 고민하던 시기에, 나는 이미 고등학교 진학을 포기한 상태였다. 그러던 중에 담임 선생님께서 일정 수준 이상의 성적이 되니 포철공고나 금오공고의 진학을 알아봐 주셨다. 등록금 전액 면제에 졸업 후 포항제철과 삼성전자 취업이 보장된다는 이유로 두 학교 진학을 추천하셨다. 그러나 나는 생각대로 진학을 포기했다. 성인이 되어 고된 청년 시절을 보내며 세상 물정을 알아 갈수록, 그 제안이 인생을 바꿀 수 있을 만큼 얼마나 좋은 것이었는지를 뼈저리게 후회를 했다.

1986년 12월 하순, 겨울방학을 하고 아버지가 돌아가신 중학교 2학년 시절부터 기거하던 큰집에서 옷가지 몇 개만 가방에 담아 무작정 나와 버렸다. 1월의 혹한 속에서 안양 주변을 떠돌며 일자리를 찾던 나는, 추위를 피하고자 매일 새벽 4시에 드나들던 교회의 전도사님의 소개로 군포시 당정동에 위치한 '성진섬유'라는 봉제공장에 취업하게 되었고, 그렇게 고된 사회생활에 첫발을 내딛게 되었다.

겨울방학 중에 취업한 터라 개학 후에도 졸업할 때까지 며칠 동안은 회사의 허락을 받아 새벽에 부천으로 등교하고, 수업을 마치면 다시 복귀해 밤늦게까지 일할 생각이었다. 그런데 담임 선생님께서 "등교한 것으로 처리할 테니 졸업식에는 꼭 참석하라"는 배려를 해주셔서, 나는 이틀만 출석하고 졸업식에 참석할 수 있었다. 하지만 회사로 곧장 복귀해야 한다는 생각에 친구들과의 마지막 이별도 쓸쓸하게 보낼 수밖에 없었다.

봉제공장의 생산 부문은 '재단 – 봉제 – 완성'으로 구분되는데, 별다른 기술이 필요하지 않은 완성 파트로 배치가 되었다. 당시 일당제로 급여를 받았는데 '견습 사원'이라고 해서 하루 일급이 2600원이었고 3개월 후에는 2900원으로 인상되었다. 완성 파트에서의 일은 일요일을 제외하고, 한 달에 15일 정도는 새벽 2시가 지나서야 끝나곤 했다. 그렇게 해서 월급 10~12만 원 정도를 수령했고, 공제 금액이 2~3만 원으로 실수령액은 10만 원 남짓이었다. 공제하는 항목 중에서 받아본 적이 없는 '재형저축'이란 것이 가장 아까웠다. 이는 아마도 회사에서 횡령 및 착복했을 것이다. 기숙사를 제공한다고 해서 안내받은 숙소는 허름한 가정집 골방 하나에 4명의 남자가 전기장판 하나에 의지하여 잠을 잤다. 이 중에서 가장 어린 나는 당연히 전기장판의 혜택(?)을 누릴 수가 없었다. 추운 골방에서 자고 2~3일에 한 번 감는 머리는, 온수도 없어서 얼음장처럼 차가운 물에 머리를 감았다. 정신이 번쩍 드는 것을 넘어서, 온 머리카락이 쭈뼛쭈뼛 선 꼬챙이 같은 느낌을 받았다. 가끔은 기숙사에서 자기 싫어, 겨울 점퍼 안감인 패딩 솜이 쌓여 있는 창고에서 패딩을 여러 겹 둘러쓰고 자기도 했다.

완성 파트에서 3개월 정도 지내다가 재단 파트로 부서를 옮겼다. 재단실에서의 인원 구성은 상위부터 '패턴사-마카사-재단사-재단 보조'의 체계로 이루어져 있다. 나는 뇌성마비의 장애가 있는 신체 여건상, 위험한 작업을 수반하는 재단사를 건너뛰고 기술을 익히고 싶었다. 깔아놓은 원단(나라시 작업) 위에 재단을 편하게 하기 위해 소매 등판 앞판 등 부위별로 그림을 그리는 작업인 마카사의 업무부터 배워 보려고, 오며 가며 어깨 너머로 마카(Marker)사와 패턴(Pattern)사(마카를 그리기 위해 견본 Form을 제작하는 업무)의 기술을 익히려고 조금씩 눈치껏 애를 썼다. 재단실에서의 가장 고된 일 중의 하나가 원단을 옮기는 것이었다. 1

층 입구에서 4층 원단 창고까지 1롤 당 10~15kg 정도의 무게가 나가는 원단을 어깨에 짊어지고 계단을 오르는 것이 힘에 많이 부쳤다. 원단을 어깨에 얹을 때와 계단을 오를 때에 허리에 무게 하중이 실리다 보니, 그것이 누적되어 몇 년 뒤부터 요통에 시달려야 했고, 지금까지도 몸이 많이 피곤해지면 허리로 통증 신호가 온다.

재단실에서 근무하던 어느 봄날, 봉제 파트에 영화 〈태일이〉에 나오는 것처럼 어린 소녀 두 명이 미싱사 보조로 들어왔다. 나중에 나이를 물어보니 겨우 열네 살, 초등학교를 막 졸업하고 미싱을 배우러 왔다고 했다. 그로부터 3개월 후에는 열다섯 살 된 소녀가 왔는데, 이 친구는 중학교를 중퇴하고 왔다고 했다. 나이들이 고만고만하다 보니, 열네 살 소녀 두 명은 영화에서처럼 내가 가끔 붕어빵도 사주고, 나를 오빠처럼 편하게 여기며 잘 따랐다. 나중에 들어온 열다섯 살 소녀는 수줍음이 많은 친구여서 그런지 잘 어울리질 못했다. 언제부터인지 보이지 않던 열다섯 살 소녀는, 나중에 인신매매로 팔려 갔다는 충격적인 애기를 들었다. 불행한 시대의 부조리가 낳은 불쌍한 친구들이다.

안양시 호계동과 군포시 당정동 쪽에는 크고 작은 공장들이 많이 있었다. 당시 대통령 선거와 맞물려서 노동자들의 시위가 심심찮게 일어났다. 노동자들이 시위하는 광경을 처음 본 나는, 왜 시위를 하는지에는 관심이 없었고, 두렵기도 하면서 신기하기도 했다. 당시에 나는 '근로기준법'이 무엇인지, '노동3권'이 무엇인지도 모른 채, 생활에 찌들어 힘든 하루하루를 버텨내고 있었다. 근로기준법이나 노동3권, 노동조합 등 이런 종류의 용어를 알게 된 것은, 1년 후 공무원 시험 준비를 하면서 알게 되었다. 깊은 내용에 대해서는 1990년대 초반, 친구들이 대학에 진학한 뒤 술자리에서 나누던 대화를 통해 알게 되었다. 1992년 무렵부터 초등학교 친구인 명석이와 만남이 잦아지면서, 소주잔을 기울이며 세상에 대한 생각을 나누던 그 시간이 절친이 된 계기가 되었다. 명석이는 나에게 노동 현실에 대한 이야기를 가끔 했었다. 공장 노동자였던 나는 이에 대해 대학생들이 실제 겪어보지도 않았고, 앞으로도 그 길을 걷지도 않을 거면서, 노동자의 고된 삶에 대해 얼마나 깊이 인식하느냐며 반박을 했었다. 30년이 지난 지금에 와서 생각해 보면, 둘 다 반은 맞고 반은 틀렸다고 생각한다.

1987년 말, 회사 사정이 어려워지면서 임금이 체불되기 시작했다. 먼저 퇴사한 재단실 형이 다른 곳으로 취업을 했다. 나는 3개월 치의 임금을 받지도 못한 채, 월 15만 원을 받기로 하고 그곳으로 이직하게 되었다.

안양시 관양동에 위치한 ㈜유창이라는 회사이다. 이곳은 S대기업 회장의 셋째 아들이 운영하는 회사라서 그런지, 이전의 회사와 비교하면 별천지 같은 곳이었다. 사무동, 생산라인, 샤워 시

설을 갖춘 기숙사, 깔끔한 구내식당, 잔디가 깔린 넓은 앞 마당
까지…….

근무 환경은 많이 개선되었지만, 새벽에 끝나는 잦은 야근과
저임금 등 근로 조건은 그다지 개선되지 않았다. 그래도 나아진
환경 덕분에, 1년 뒤 이곳에서 공무원이 되겠다는 생각을 하게
되었다. 시험의 나이 제한이 풀리는 연도까지를 목표로 삼아, 아
무런 정보나 교재도 없이 주먹구구식으로 공부했지만, '일반 상
식' 책을 구입해 틈틈이 공부할 수 있었다. 어머니가 계시지만,
내가 실질적인 가장의 역할을 하고 싶었다. 그러기 위해서는 하
루라도 빨리 안정된 직업을 찾는 것이 급선무라는 판단을 했다.
아무래도 학력이나 장애에 대한 차별이 없고, 급여는 많지 않더
라도 고용의 안정과 적성까지 고려했을 때, 공무원이라는 직업
이 가장 최적의 선택이었다.

이전 회사(성진섬유)에서 잦은 임금체불이 되었으며, 불안한 마
음에 고등학교 진학을 고려하게 되었다. 형편상 장학금을 받고
다니려는 목저으로 안양공고 섬유과에 진학했다. 입학 며칠 전
에 치른 평가 시험에서 과 3등을 하게 되었다. 학교에서는 나에
대해 알려지게 되었고, 어느 날 교무실에 가 보니 과 선생님 몇
분께서 적은 돈을 십시일반 모아 공책을 비롯한 학용품 세트를
격려품으로 전달해주셨다. 그러나 나의 고등학교 생활은 한 달
짜리 추억으로 남게 되었다.

어머니는 티를 내지 않으셨지만, 같은 해 고등학교에 입학한 동생과 함께 아들 둘을 혼자 키우는 일이 매우 버거웠을 것이다. 동생은 부천 지역에서 우수한 성적으로 인문계 고등학교에 충분히 진학할 수 있었지만, 졸업 후 빨리 취업하기 위해 인천에 있는 괜찮은 공고에 진학했다.

나는 고등학교 입학 후 한 달 동안 고민을 거듭한 끝에, 나의 학창 시절은 여기까지라는 결심을 하고 등교 후 4교시가 끝나자 교실을 뛰쳐나와 버렸다. 며칠 후 학교에 가서 자퇴서를 제출하고 선생님들의 아쉬움과 격려를 받으며 교정을 떠났다.

그 뒤 나는 ㈜유창에 재입사하게 되었고, 성진섬유보다는 나아진 환경 덕분으로 공무원 시험을 목표로 틈틈이 공부할 수 있었다. 일요일에는 집에 머물렀다. 특별한 일정이 없으면 낮에는 부천시립도서관에 가고, 저녁에는 성당에 나갔다. 도서관을 가게 되면 초등학교 중학교 친구들을 만날 수 있었고, 성당은 지금까지도 마음의 위로와 안정을 주는 소중한 공간이다.

㈜유창에서는 재단 파트에 소속되어 가끔 간단한 원단 재단을 해보기도 하고, 봉제 파트에 업무 지원을 나가 미싱 보조(시다) 일을 하기도 했지만, 나의 주된 업무는 패딩 재단사(일명, 불칼사)였다. 봉제 파트는 3개의 생산라인이 운영되었다. 겨울 점퍼를 제작하게 되면 옷감 안에 패딩이라는 화학 솜이 들어간다. 패딩 위에 마카로 선을 그리고 패딩 원단을 깔아 재단하여 봉제 생

산라인에 조달해주는 것이다. 여기에 패딩의 재고관리와 주문 업무가 추가되었고, 이 모든 작업을 혼자 감당했다.

㈜유창이라는 회사에는 유난히 자매가 동시에 미싱사로 근무하는 경우가 많았다. 김연희·미희, 유진아·진숙, 김경숙·경란 자매 외에 이름이 기억나지 않는 두 자매가 더 있었다. 공교롭게도 미희, 진숙, 경란은 모두 나하고 동갑내기들이다. 미희는 흔히 말하는 담배도 피우는 '날라리' 친구였고, 진숙은 예쁜 얼굴에 남자 청년들의 인기가 많은 친구였고, 경란은 성실한 이미지의 친구였다. 미싱사가 되려면 최소 3년 정도의 시다 생활을 해야 했다. 열여덟 살에 미싱사로 일하고 있다면, 이 친구들 또한 앞서 말한 열네 살 소녀들처럼 나보다 더 어린 나이에 일을 시작했을 것이다.

다가오는 납기일을 맞추기 위해 공장의 각종 기계 소리가 요란하게 들려오는 어느 날, 봉제 생산라인에서 비명이 들려왔다. 진숙이의 집게손가락에 미싱 바늘이 실과 함께 꽂혀 있었다. 진아, 진숙 자매는 기숙사에서 함께 생활했는데, 그날 이침 진숙이의 얼굴이 많이 부어 있어 상태가 좋지 않아 보였던 모습이 떠올랐다. 피로가 몰려와 짐깐 졸았던 모양이었다. 나는 처음 보는 광경에 조금 당황했지만, 경험이 많은 분들은 대수롭지 않게 여겼다. 이전부터 자주 겪는 일이라 무뎌져 있었던 것이다.

재단 파트에서는 빠르게 움직이는 재단 칼날로 인해 손가락

절단 사고가 종종 발생한다. 성진섬유에서 ㈜유창으로 이끌어준 재단사 형도 원단 재단 작업 중 사고를 당했다. 다행히(?) 뼈까지는 손상되지 않고 살만 심하게 다쳐 봉합 수술로 끝났다.

나도 재단 기계를 배우다가 오른손 가운데손가락을 살짝 다친 적이 있다. 장갑을 착용한 덕분이다. 순간의 방심으로 손가락이 절단되는 상황을 상상하면 지금도 오금이 저려온다.

회사에 구내식당이 있었다. 일부 공간은 나의 패딩 재단 작업을 위한 일터이기도 한 곳이다. 식당 아주머니와 친하게 지낸 덕분에, 야심한 시간에 배가 고플 때면 식당 주방에 들어가 남은 밥에 이것저것 넣어 비벼 먹을 수 있는 특혜를 누리기도 했다. 점심시간에는 축구 게임을 즐겼고, 일 마치면 회사 입구 건너편 함바집에 가서 기숙사 동료들과 소주 한잔을 기울이기도 했다. 고된 회사 생활의 작은 즐거움이었다.

1988년 9월 17일 토요일은 '88 서울올림픽' 개막일이었다. 추석 명절을 앞두고 넘치는 물량의 납품 시기를 맞추느라 여념이 없는 시기였는데, 점심시간에 잠깐 기숙사에서 TV로 개막식을 시청하기도 했다.

회사 가까운 곳에 크라운제과 안양 공장이 있었다. 그곳에 다니는 사람들은 청결한 위생을 위해서 항상 흰색 가운에 흰색 동그란 모양의 모자를 쓰고 다녔다. 그 모습이 빵 같아서인지 제과 회사에 다녀서인지, 우리는 그들에게 '빵순이 · 빵돌이'라고 부르고, 그들은 우리에게 '봉순이 · 봉돌이'라고 불렀다.

내가 일하던 공장은 제법 규모가 있는 편이라 비교적 좋은 시설을 갖추고 있었지만, 전태일이 있던 평화시장 같은 작은 일터에서는 개선되지 않은 열악한 환경에서 노동했을 것이다. 영화 〈태일이〉에 나오는 근무 환경보다는 나아졌지만, 근무 특성상 전태일이 겪었던 1970년대 초반이나 내가 겪었던 1980년대 후반 모두 먼지에서 해방되기는 어려웠다.

일반 원단에서 나오는 먼지는 물론이거니와 내가 주로 작업한 패딩 원단에서 나오는 화학 연기는 불쾌한 냄새로 나의 코끝을 자극했다. 그래서 그랬는지도 몰라도 언제부터인지 기침을 하기 시작했고, 숨이 차기까지 했다. 어머니의 표현에 따르면, 얼굴이 누렇게 떠 있었다. 흔히 말하는 '골병'이 든 것이다. 결국 겨울에 회사를 그만두게 되었다. 3개월 동안 한약을 먹고 몸이 많이 회복되었고, 그 이후로 나는 강도 높은 고된 노동과 값싼 임금구조의 봉제 산업에는 두 번 다시 가고 싶지 않았다.

내 열여덟 살 시절, 영화 〈태일이〉처럼 나를 비롯한 대부분의 사람들은 근로기준법이나 노동3권, 노동조합 같은 것들을 전혀 알지 못하고 살아왔다. 설령 알있다고 하더라도, 앞에 놓인 현실이 너무 막막했기에 먹고사는 것에 급급했다. 그런 점을 악용하는 업주들도 많았다. 그저 당할 수밖에 없는 현실 앞에 울분이 올라오지만, 감정을 꾹꾹 눌러 참아가며 살아온 사람들이 대부분일 것이다.

지금 현재 나는 40년 가까운 세월이 흘러 쉰다섯 살의 나이가 되었다. 그동안 공무원이 되는 데는 실패했지만, '물류관리사' 자격을 갖추고 물류 분야에서 30년 가까이 일했다. 검정고시를 통해 고등학교 졸업을 하고, 나중에는 대학원에서 공부를 해 물류학 석사 학위를 받았다. 기업체에서 부서 팀장도 맡아보고, 물류 관련 서적의 집필과 물류관리사 자격 시험의 출제위원 요청이 들어올 정도로 이 분야에서 인정도 받았다. 지금은 대형운전면허를 취득하여 우체국 관련 공공기관에서 18년째 운전직으로 근무를 하며 안정된 삶을 살고 있다.

몇 년 전부터 가끔씩 손과 발목, 무릎 관절이 아파오기 시작했다. 그럼에도 불구하고 큰 변수가 발생하지 않는다면 현재의 일을 하면서 정년 은퇴를 하게 될 것이다. 글 초반에 쓴 것처럼, 세상 물정을 알아가는 과정에서 후회스러운 선택이 많았지만, 때로는 옳은 선택을 할 때도 있었다. 그만큼 좌절이 더 많았던 삶이었지만, 오늘에 와서는 내가 선택한 모든 것들이 결국 나의 큰 자산으로 남아 있다고 자부한다.

2021년 겨울, 애니메이션 영화 〈태일이〉가 개봉되었다. 아내와 함께 영화를 관람하러 부천시청 안에 있는 판타스틱 큐브로 향했다. 오래전에는 『전태일 평전』을 탐독하기도 했다. 전태일의 이야기이지만, 나의 이야기와 많이 닮아 있었다. 중학교를 졸업하지도 못한 상태에서 시작한 봉제공장에 다니던 시절이 떠올랐다. 문득, 무엇인가에 힘들고 지쳐있던 그 시절에 대한 이야기를 담아내고 싶어졌다.

나의 이야기는 여기에서부터 시작되었다. 순서에 상관없이, 생각나는 대로 한 시절 한 시절 써 내려갔다. 그리고 현재의 직장생활 이야기까지 이르렀다. 만 열여섯 살의 나이에 봉제공장에 다니면서, 고등학교에 다니는 친구들이 부러웠다. 그러나 나의 현실에 대해 좌절할 틈이 없었다. 그건 사치라고 생각했기 때문이다. 그리고 그것이 아버지가 안 계신 집안에서 감당해야 할 장남의 사명이라고 생각했다.

현재의 직장에서는 19년 째 근무하고 있다. 그 중 절반의 세월을 비정규직(계약직)으로 근무했다. 임금을 포함한, 여러 가지 차별을 경험해야 했다. 잘 버텨냈다. 버텨낸 힘은 결코 나 혼자만의 힘이 아니었다. 나보다 더한 차별을 감내하신 동료 형님이 계셨다. 형님이 정년으로 퇴직하기까지 16년을 함께 동고동락했다.

한 글자 한 글자 써 내려가면서, 나의 모든 일들이 얼마나 소중한지 깨닫게 되었다. 좋았던 일과 나빴던 일, 즐거웠던 일과 슬펐던 일, 성과를 만들어낸 순간과 실패와 후회로 남는 순간, 이 모든 이야기들이 지금의 나를 만들어냈다. 모두 현재의 나에게는 중요하고 소중한 자산이 되었다. 나의 이야기를 담아낼 수 있음에 감사하다.

내가 전태일문학상 대회에서 큰 상을 받았다고 해서 갑자기 작가가 되는 것은 아니다. 작가가 되기 위해서 글을 쓰고 대회에 공모한 것이 아니기 때문이다. 그러나 앞으로 글을 쓰는 데 있어서, 전태일문학상에 누가 되지 않기 위해서라도 세상을 바라보는 것에 대해 좀 더 신중하고 의미있게 접근하도록 노력하고자 한다.

공 창 덕

1971년에 태어나 중학교 3학년 겨울방학 때부터 봉제공장 재단 보조로 사회생활을 시작했다. 2007년 인천대학교 동북아물류대학원 물류시스템학과를 졸업했으며, 2023년 밀알복지재단 제9회 스토리텔링 '일상 속의 장애인' 공모전에서 장려상을 받았다. 2025년 우체국물류지원단에서 기술급 운전직으로 19년째 일하고 있다.

제33회 전태일문학상   우수상 수상작

언덕 위의 선생님

외 1편

정
서
희

정 서 희

언덕 위의 선생님

"선생님, 이거 하면 얼마 받아요?"

나는 눈앞에 서 있는, 열세 살 아이의 질문에 어떻게 대답해야 할지 고민했다. 내가 대답을 주저하자 아이는 계속해서 물었다.

"최저시급 받아요?"

나는 어떤 대답도 해줄 수 없었다. 무엇이 이 아이에게 이런 질문을 하게 만들었을까.

여름 방학, 아르바이트 자리를 찾던 나는 운 좋게 큰 기업에서 주최하는 여름 캠프에 인솔 교사로 합격하게 되었다. 인솔 교사 라고 해봤자 아이들 식사 지도와 점호 정도만 담당하고, 캠프 프 로그램은 전부 전문가들이 진행하는 일정이었다. 한 명의 인솔 교사가 여덟 명에서 아홉 명의 아이들을 맡았다. 내가 맡은 아이들은 전부 열세 살 아이들이었다. 한창 뛰어다닐 나이인데 말을 안 들으면 어쩌지, 하는 걱정과 달리 아이들은 내 말을 아주 잘 들었다. 가정 교육을 잘 받은 티가 날 정도로 인사성도 예의도 잘 갖추고 있었다.

"쌤, 들었어요? 이 캠프, 하루에 거의 20만 원 내고 오는 거래요."

"그럼 5일이니까 100만 원이네요? 대박."

여름 캠프는 주최 측 기업에 다니는 회사원의 자녀들을 대상으로 진행되었다. 그중에서도 100만 원을 기꺼이 쓸 수 있을 만큼 여유 있는 사람들의 캠프. 어쩐지 초등학생 캠프치고 준비된 게 엄청 많더라니. 드론 조종, 인공지능 개발, 코딩, 옷 만들기, 수영 수업에 베이킹 클래스까지. 밥도 뷔페식에 따로 간식까지 매일 세 번 나왔다. 돈 많은 집 애들은 좋겠네. 인솔 교사의 하루는 아침 7시에 담당하는 아이들을 전부 깨우고, 함께 일과를 보낸 후 매일 밤 10시에 점호를 하고, 밤 12시까지 추가 교육과 다음 날 일정 준비를 한 뒤에야 끝났다. 캠프에 온 아이들은 하기 싫은 건 하지 않았다. 급식에 나온 먹기 싫은 음식은 아예 먹지 않았고, 수업도 듣기 싫은 과목이면 듣지 않았다. 주최 측에서 개인 용돈과 휴대전화를 금지한 이유가 있었다. 전부 대학생 신분인 인솔 교사들은 그런 아이들에게 절대 뭐라고 하지 못했다. 주

측 측에서 가장 강조하는 것이 그것이었다. 아이들끼리 다툼이 있거나, 정말 위험한 상황이거나, 수업 장소를 이탈하려는 게 아니면 인솔 교사는 절대 개입하지 말라고.

나는 영상 편집 수업이 진행되는 동안 다른 인솔 교사들과 함께 교실 뒤에 서 있는 게 할 일의 전부였다. 수업이 지루했는지 아이들은 아무도 제대로 듣고 있지 않았다. 개인 휴대전화가 필요한 수업이라 특별히 개인 휴대전화를 나눠 주었는데, 그걸로 전부 딴짓을 하고 있는 풍경이었다. 어머니뻘로 보이는 영상 편집 선생님은 마치 앞이 안 보이는 것처럼 수업을 계속 이어갔다. 그분 역시 자기 말을 전혀 듣지 않는 아이들의 태도를 지적하지 않았다. 그리고 모든 아이들이 그 사실을 알고 있었다. 캠프의 어떤 어른도 자신을 혼낼 수 없다는 것을.

인솔 교사의 또 다른 주 업무는 아이들의 활동 사진을 찍고, 매일 학부모님께 보내드리는 것이었다. "얘들아, 부모님께 보낼 사진 찍을게, 여기 보자!"라고 말하면 신기하게도 모든 아이들이 휴대전화를 내려놓고, 수업에 열중하는 모습을 보여주었다. 이틀 차가 되자마자 인솔 교사들 사이에서 슬슬 잡음이 들리기 시작했다. 반 아이에게 심한 욕설을 듣고 엉엉 우는 선생님이 나왔다. 결국 캠프 책임자가 와서 아이를 혼내고, 선생님에게 사과하라고 하긴 했지만, 모든 일이 제대로 마무리되지는 않았다. 결국 캠프를 떠난 건 아이가 아닌 선생님이었다. 고작 스물한 살의 대학생일 뿐인 선생님.

"쌤이었어요? 어떤 분이 일지를 엄청 길게 써서 다들 누군가 했는데."

인솔 교사들은 매일 아이들의 활동 사진을 모아, 그날 하루를 담은 일지를 썼다. 딱히 길게 쓰려던 건 아니었는데, 아홉 명의 아이들 분량을 전부 똑같이 맞추려다 보니 분량이 꽤 늘어났다.

"애들 뭐가 예쁘다고 그렇게 열심히 해요? 쌤 때문에 다른 쌤은 민원 받았대요. 왜 다른 반은 저렇게 길게 써주는데 우리 반만 분량도 적고 사진도 많이 없냐고."

"앞으로는 다른 분들이랑 맞출게요, 죄송해요."

어쨌든 아이들은 아이들이었다. 인솔 교사에게는 식사 외에 따로 간식이 제공되지 않는다는 걸 알게 되자, 자기들 간식을 모아 한 박스를 만들어주는 아이들. 에어컨 바람에 추워하자, 내게는 맞지도 않는 자기 겉옷을 벗어 내어주는 아이들. 그런 얘기를 전부 적다 보니 분량이 길어졌다. 그렇지만 동시에, "선생님, 이거 하면 얼마 받아요?" 이런 질문을 하는 아이들이었다. 최저시급 받냐니. 아마 그것도 안 될 것이다. 인솔 교사들의 일당은 10만 원으로 책정되어 있었다. 그렇지만 우리가 일하는 시간은 아침 7시부터 밤 12시까지. 그리고 담당하는 반 아이가 아프거나 도움이 필요할 경우, 새벽에도 달려가야 했다. 균열은 거기서부터 생겨나기 시작했다.

"새벽까지 일 시킬 거면 돈 더 주세요. 아니면 고소할 거니까."

이런 입장을 가진 인솔 교사들과, "학생들은 교육의 일부로 이 캠프에 참여하고 있는 거고요, 저희는 이미 최선을 다해 책정한 겁니다"라고 말하는 주최 측의 의견이 부딪쳤다. 우리는 이 캠프에서 가장 낮은 존재들이었다. 아이들이 모두 체육 수업을 하러 운동장에 나가 있는 동안, 인솔 교사들은 가장 높은 층에 위치한 본부 사무실에 가서 따지기 시작했다. 목소리가 큰 몇몇 사람들이 맨 앞에서 다투는 동안, 뒷줄의 나는 멍한 표정으로 창밖을 내다보았다. 저 멀리 운동장에서 우리 반 아이들이 뛰어놀고 있었다. 어떤 근심도 걱정도 없는 표정으로, 환하게 웃고 있는 모습이었다. 우리와 주최 측의 대화는 길어졌다. 결국 오늘밤 10시에 모든 아이들의 점호가 끝난 뒤, 다시 얘기하기로 결정되었다.

"엄마, 난 잘 모르겠어. 나름 할 만한데, 다들 왜 이러지."

엄마와 통화를 마치고, 나는 다시 나갈 준비를 했다. 나는 캠프장에서 완전한 중립이었다. 달리 말하면 가장 위선적인 사람이기도 했다. 아르바이트가 다 그렇지, 그래도 별거 안 하는데 50만 원 주잖아. 이런 마음을 가진 내가, 혼자 동떨어지기 싫어서, 한편으로 협상이 잘되면 내 일당도 저절로 오를 거라는 생각에 조용히 무리에 합류해 있었다.

'너무 피곤해, 자러 가고 싶다……'

밤 10시에 다시 시작된 협상은 새벽 1시가 넘어서까지도 끝날 기미가 보이지 않았다. 다들 점점 더 화를 내고 있었다. 사실 나는 양쪽 다 무섭고 불편했다. 돈을 더 달라는 목소리도, 돈을 안 줄 거라는 얼굴도. 그저 이 일이 끝나길 바랐다. 끝나기만 한다면 누구도 미워하지 않아도 되니까.

"지금 저희를 제일 막 대하고 있잖아요! 돈 많이 낸 어린 애들이 고객이고, 저희는 아무것도 아니라는 거죠?"

"걔네 하루에 20만 원씩 내고 왔다면서요, 저희가 각각 애들 아홉 명을 보는데, 10만 원도 아까워요?"

모두가 지쳐 있었다. 아무것도 하지 않은 나는 과열된 현장 속에서 조용히 빠져나왔다. 여기서 가장 나쁜 사람은 나라는 생각이 들었다. 내 방으로 돌아와 자리에 누웠다. 내일도 아침에 아이들을 깨우고, 모두를 식당으로 인솔해서 밥을 먹게 해야 했다.

나는 반 아이들과 슬슬 친해지고 있었다. 조잘조잘 떠드는 모습은 영락없는 초등학생이었다. 아이들을 교실에 데려다주고 인솔 교사들도 개인 정비 시간을 가졌다. 꽤 벅찬 캠프 일정에 슬슬 아파하거나 쉬고 싶다는 아이들이 생겼다. 다행히도 우리 반에는 아픈 아이가 한 명도 없었다. 오늘은 아이들이 제일 기대하던 미니 운동회 날이었다. 아이들이 수업을 듣는 동안 우리는 교대로 운동회 준비를 했다. 어젯밤 새벽까지 다투다가도 낮이 되니 다들 열심히 일하고 있었다. 운동회가 진행될 실내 체육관은 캠프장 언덕 위에 있었다. 더운 날에도 모두 의자를 나르고 짐을 옮겼다. '강한 사람들이구나. 다들 대학생이니 내 또래일 텐데.' 지쳐 있는 와중에도 좋은 것을 보려고 노력하는 사람들 틈에서, 나도 의자 두 개를 동시에 나르기 시작했다.

멀쩡할 것 같았던 우리 반에서도 결국 일이 터졌다. 운동회가 순조롭게 진행되고 있었다. 우리 반은 점수를 많이 땄고, 그때까지만 해도 분위기가 좋았다. 문제는 한 아이의 실수로, 점수가 가장 높았던 마지막 경기에서 역전을 당하면서부터였다. 말릴 틈도 없이 반 아이들이 실수한 아이에게 화를 냈다. 그러자 아이는 울면서 체육관을 뛰쳐나갔다. 그 후 정말 혼잡한 시간이 계속됐다. 아이는 숙소에 들어가 대화를 거부하고, 남은 아이들은 우선 다른 교사에게 인솔을 부탁했지만 오래 자리를 비울 순 없었다. 결정적으로 나는 이 아이들의 진짜 선생님이 아니었다. 고작 5일만 함께하고 말 아르바이트생일 뿐이었다. 약속된 일당을 받으려면 주최 측의 지침을 따라야 했다.

"선생님이 애들 못 오게 할게. 혼자 더 쉴래? 대답 안 해도 돼. 괜찮으면 문 두 번 노크해줄래?"

그러자 숙소 문 안에서 작게 똑똑 소리가 들렸다. 그제야 조금 숨을 돌릴 수 있었다. 여기까지가 내가 할 수 있는 최선이었다. 이제 남은 아이들을 살펴야 했다. 나는 숙소동을 나와 식당으로 달려갔다. 여덟 명의 아이들이 오직 나를 기다리고 있었다. 아직도 화가 안 풀린 아이, 눈치만 보고 있는 아이, 아무래도 상관없다는 듯이 간식을 먹는 아이. 나는 이 아이들을 혼낼 수도, 그렇다고 방에 혼자 틀어박힌 아이와 다시 친하게 지내달라고 부탁할 수도 없었다. 옳고 그름, 이해와 배려를 가르칠 수 없는 선생님. 교사로서의 대단한 책임감이 있는 건 아니었지만, 그래도 캠프 동안엔 내 학급 아이들이었다.

"얘들아, 선생님이 부탁 하나 해도 될까? 우리 착한 B반이, 남은 캠프 동안 그 친구를 소외시키지 않았으면 좋겠어."

이건 학창 시절 내가 가장 싫어했던 말이었다. "너는 착하니까, 선생님 좀 도와줄 수 있지?" 그 말에는 거절할 수 없는 힘이 실려 있었다. 그렇지만 지금 이 상황을 그냥 방치할 수도 없었다. 아이들은 떨떠름한 표정이긴 했지만 어쨌든 고개를 끄덕였다. 그 아이와 룸메이트인 두 명의 아이들에게 한번 더 부탁을 하고 점호를 마치는데, 어딘가 불편한 기분이 들었다. 내가 지금까지 만나온 모든 선생님의 얼굴을 떠올렸다. 내가 우리 반 아이들과 동갑이었을 때, 내 담임 선생님은 갓 임용고시에 합격한 스물다섯의 나이였다. 그땐 정말 우리 선생님이 가장 어른 같았는데, 이제 보니 엄청 어리셨구나. '선생님. 저는 어떻게 하면 좋을까요? 저도 아이였던 적이 있었는데, 지금은 아이들에 대해 전혀 모르겠어요.' 나는 너무 지쳐 있었다. 그렇지만 오늘도 어김없이 점호가 끝나자마자 본부 사무실로 가야 했다.

캠프의 마지막 날이 다가올수록, 우리도 주최 측도 힘이 빠졌다. 끝까지 언성이 낮아지는 일은 없었지만, 결국 주최 측이 백기를 들었다. 모두의 일당을 올려주겠다고. 한 명씩 담당자와 방으로 들어가 계약서를 썼다. 그 방에서 각자 다른 방식의 합의가 이루어지는 것 같았다. 내 차례는 거의 두 시간이 지나고서야 찾아왔다. 남은 인솔 교사들은 이미 반쯤 졸고 있었다.

"에휴, 어린 학생들이 돈에 미쳐서는."

담당자는 지겹다는 듯이 내 앞으로 계약서를 들이밀었다. 원래 받기로 한 돈보다 20만 원이 늘어난 상태였다. 이제 사인만 하고 나오면 되는데, 담당자의 말을 듣자마자 눈물이 터져 나왔다. 진짜 열심히 했는데. 5일짜리 선생님이어도, 정말 최선을 다했는데. 다른 담당자가 들어와서 나를 달래려 노력하는 동안에도 눈물이 멈추지 않았다. 한참을 그 자리에 앉아 있었다.

화려했던 시작과 달리 퇴소식은 간소했다. 그새 정이 들었는지 우는 아이들을 안아주고, 모든 아이들이 안전하게 버스를 탔는지 확인하는 게 미지막 일이었다.

"선생님, 다음 캠프에도 오실 거죠? 그때도 저희 반 담임쌤 해주세요!"

대답 없이 손을 흔들어주었다.

버스가 떠나면 모든 인솔 교사들은 언덕 위 체육관으로 다시 모여야 했다. 나는 버스를 뒤로 하고 언덕을 올랐다. 우리도 마

지막 정리를 하고 나서 캠프장을 떠날 시간이었다. 언덕 위에서
는 캠프장이 한눈에 내려다보였다. 저 멀리 주차장 입구로 마지
막 버스가 출발하고 있었다. 아이들이 5일간 선생님이었던 나를
잊어버리는 일에, 얼마만큼의 시간이 필요할까 생각했다.

정서희

착한 사람이 된다는 건 무섭다

아프리카에 매달 후원금을 보낸다고 단번에 착한 사람이 될 순 없다. 세상이 그렇게 단순했다면 지금처럼 운동장이 기울어 있지 않았을 것이다. 스물한 살의 봄, 남들보다 대학에 1년 늦게 들어간 나는 열정에 가득 차 있었다. 작년에 예비 합격했다가 떨어졌던 그 대학에, 드디어 최초 합격을 한 것이다. 늦은 만큼, 모자란 만큼 두 배로 채우자는 집념이 나를 살아가게 했다.

"그래서 이제 복학해?"

"아니, 유엔에서 반년 정도 더 계약을 연장하재. 다다음 주에 다시 출국해."

친한 언니는 한 달에 두어 번씩 블로그에 글을 올렸다. 자신이

유엔에서, 또 미국에서 어떤 일을 하고 있는지에 대한 이야기가 주류였다. 언니를 만나고 돌아오는 버스 안에서 나는 휴대폰을 놓지 못했다. 새로운 꿈이 생겼다. 나도 대학생일 때, 꼭 외국에 인턴으로 가겠다고. 안타깝게도 나는 나 자신을 착한 사람으로 판단하지 않았다. 대단한 비전이나 사회 공헌적인 목적도 없었다. 나는 보이는 것에 집착하는 사람이었다. 내가 언니처럼 그 자리에 있을 수만 있다면. 대학 2학년을 마치고 바로 떠날 수만 있다면. 내 주변 사람들이 모두 나를 부러워한다면. 그러면 조금 더 행복해지지 않을까.

계획도 실행도 빨랐다. 한 기업 재단에서 후원하는 봉사활동 팀에 최종 합격했다는 연락을 받았다. 매주 봉사활동을 나갔다. 보육원, 양로원, 병원, 자선 콘서트까지. 뒤에 든든한 기업이 있는 팀은 보통 대학생들의 동아리와는 달랐다. 매번 밥과 간식, 교통비는 물론이고 다양한 물품들도 받았다. 가끔 카메라가 우리를 찍었는데, 그때마다 너무나 보람차다는 듯 웃기만 하면 되는 일이었다. 봉사 자체도 난이도가 높지 않았다. 만나는 모든 사람은 내게 친절했다. 내가 완벽히 '선'이 되는 공간에서, 조금씩 힘이 생기는 기분이 들었다.

엄마는 늘 나에게 말했다. 돈은 쉽게 벌어야 한다고. 왜 최저 시급 받으며 설거지하고 청소하고 있냐고. 그 말에 완전히 동의하진 않았지만 틀린 말은 아니었다. 교통비는 5만 원으로 책정

되었다. 지방에서 활동하는 팀원들까지 감안한 비용이겠지만, 나는 서울에서 서울로 다녔다. 많아봤자, 5000원이 들었다. 교통비는 늘 남았다. 나는 한 달에 몇만 원씩 기부하기 시작했다. 자동 이체를 걸어두고 아프리카 식수 사업에 돈을 보냈다. 그러자 나는 더더욱 착한 사람에 가까워졌다. 기왕 나와 아무 관련도 없는 곳에 돈을 쓰는 거, 기회가 있을 때마다 은근히 나의 기부를 알렸다.

아홉 시까지 이어진 자선 행사를 끝내고 집에 돌아오는 길, 버스 창가에 기대어 생각했다. 사람들은 참 자신의 이익을 위해서만 살아가는 것 같다고. 마더 테레사나 나이팅게일 같은 천사는 존재하지 않았다. 우리 팀은 돌아가면서 기업 유튜브에 올라갈 인터뷰를 촬영했다. 딱히 지시 사항은 없었지만, 모두 암묵적으로 어떤 말을 해야 할지 알고 있었다. 이 기업은 대학생인 우리에게 "좋은 기회"를 주었고, "나눔의 가치"를 실현하고 있다. 기업과 함께하는 봉사활동은 너무 유익하고 좋다. 카메라 앞에 앉은 나는 밝게 웃고 있었다. 이 영상이 업로드되면 내 부분만 잘라서 포트폴리오에 넣어야겠다고 생각하면서. 이게 나쁜 일일까? 누가 나를 나쁘다고, 이기적이라고 말할 수 있을까? 나는 점점 요즘의 내가 마음에 들었다. 나는 항상 현명한 선택을 하잖아. 미래를 위해 이렇게 열심히 살잖아. 이 공간은 착한 사람으로 가득 찬 곳이었다. 그렇지만 아무도 진짜 '좋은 삶'이 무엇인지는 묻지 않았다.

나의 부족한 점을 잘 알고 있었다. 외국에 인턴을 가려면 필수적인 공인 영어 성적부터가 고비였다. 지원을 위한 최소 점수는 겨우 넘겼지만 가산점을 받기엔 터무니없이 모자란 점수였다. 대신 봉사활동 시간이 300시간이 넘으면 토익 시험 970점과 같은 가산점이 주어졌다. 통장에 돈이 쌓이듯 차곡차곡 봉사 시간이 누적되었다. 그 시간이 나를 증명했다. 어디에 가더라도 무시당하지 못할 만한 것. "요즘 봉사활동이 무슨 의미가 있다고 이런 거에 목을 매니? 그 시간에 차라리 공부를 하거나 아르바이트를 해." 가끔 그렇게 말하는 사람 앞에서, 나는 새어 나오는 웃음을 참기 위해 노력해야 했다. 바보 같긴, 잘만 하면 아르바이트의 다섯 배는 벌 수 있는데.

"88번 지원자가 우리 재단의 장학생으로 선발되어야 할 이유가 있나요?"

"저는 어릴 적부터 다문화가정, 장애인, 조손가정 등 다양한 이웃과 함께 살아오며, 사람을 있는 그대로 이해하려는 자세를 자연스럽게 배웠습니다. 또한 아동복지시설 교육 봉사와 돌봄 활동에 참여하면서, 아이들이 단순한 지식 전달보다 따뜻한 관계 속에서 변화하고 성장한다는 것을 느꼈습니다."

재단의 철학에 완벽히 부합하는 인재상이 되자 학기마다 큰돈이 입금되었다. 공모 요강 속 적혀 있는 인재상은 마치 정답지 같았다. 누구를 위해, 무엇을 위해 살아왔는지를 그럴싸하게 설명할 수 있는 사람만이 자격을 얻었다. 장학생이란 이름의 선택은, 조용히 누군가를 지우는 방식으로 이루어졌다. 나는 지워지지 않고 살아남았다. 여러 곳에서 요즘 보기 드물게 선한 학생이라며 돈을 주었다. 여유와 동시에 찾아온 것은 자만이었다. 매일 아르바이트에, 교내 성적 장학금을 위해 밤낮없이 일하고 공부하는 친구들이 불쌍하다고 느꼈다. 왜 저런 걸 하지? 적당히 봉사활동 하다가 괜찮은 재단에 지원해서 장학금을 받으면 될 텐데. 친구들은 새벽까지 아르바이트를 하면서도, 내가 너무 대단한 사람이라고 추켜세웠다. 바쁜 학기 중에 어떻게 봉사활동을 다니고 없는 돈을 쪼개 기부까지 하느냐고. 절대 내 비밀을 남에게 얘기해주지 않았다. 가끔은 모든 것을 다 말해버리고 싶은 충동이 들었지만, 꾹꾹 참아냈다. 사실 알고 있던 것이다. 나쁘지 않아. 나쁜 일은 아니야. 그렇지만 착한 사람도 아니야. 아주 이질적이면서도 위선적인 사람이 될 거야. 진짜 나를 들킬까 봐 무시웠다. 너처럼 살고 싶다는 친구들 앞에서, 네 착한 모습에 반했다고 고백해온 애인 앞에서.

대학 입학 후 새롭게 생겨난, 내 두 번째 자아는 무럭무럭 자라 1년 만에 아주 커졌다. 대학교 2학년이 되고 얼마 지나지 않아, 바라던 봉사활동 시간 300시간을 채웠다. 이제 그 이상은 굳이 필요하지 않았다. 목표가 외국 인턴이라면, 남은 시간 동안 자격증을 따고 영어 공부를 하는 게 당연했다. 시간이 남아돌았다. 자기소개서는 쓸 말이 너무 많아서 문제였다. 나의 선함을 증명해줄 증거가 차고 넘쳤다. 몇백 시간의 봉사활동과 여러 사회 공헌 이력들이 종이 한 장에 전부 담겼다. 나는 딱 종이 한 장 만큼의 사람이었다. 언젠가 철학 강의에서, 우리는 모두 평생 자신의 얼굴을 볼 수 없다고 한 게 떠올랐다. 거울을 보거나 사진을 통해 내 얼굴을 봐도, 결국 맨눈으로 내 자신을 직접 본 건 아니라고. 내가 어떤 사람으로 보이는지 나는 평생 모른다. 그냥 예측할 뿐이다. 오로지 타인의 눈을 빌려, 나를 착한 사람으로 만들어두었다.

번아웃이 찾아온 것도 그 시기의 일이었다. 매주 나가던 봉사활동을 2주, 3주에 한 번씩 나가는 걸로 줄이고 다른 일에 열중했다. 내가 생각하는 착한 사람이란, 우선 모든 일을 열심히 하는 것에서 시작되었다. 잠에서 깨는 일이 잦아졌다. 나를 깨뜨리지 않으려고 아무에게도 내 얘기를 하지 않았다. 나의 사랑하는 애인은 내 선함을 좋아했다. 너는 참 특별한 것 같다면서 사랑을 속삭였다. 애인은 나와 봉사활동 가는 것을 좋아했다. 애인이 5년째 다니고 있다는 보육원에 따라다녔다. 내게도 나를 바꿀 만한 계기가 있으면 좋을 텐데. 만화나 소설처럼, 내가 진정한 선행이 무엇인지 깨달을 수 있다면 좋았을 텐데. 사람을 만나고, 내가 가진 것을 나누고, 사랑을 전하는 일. 애인과 나는 크리스마스를 앞두고 보육원 아이들의 소원 편지대로 준비한 선물을 포장했다. 나는 텅 빈 눈으로 리본을 묶고 있었다. 이것이 나에게 얼마나 의미 없는 일인지 끊임없이 되새기면서, 생글생글 웃는 얼굴로 선물을 건네고 사진을 찍었다. 아이들은 선물을 풀며 환호성을 질렀다. 애인도 그런 아이들을 보며 환하게 웃었다. 모든 아이들의 이름을 하나하나 불러주면서. 나는 절대 그렇게 될 수 없을 것 같았다. 저 구석에서 선물 포장을 뜯지도 않은 아이가 눈에 들어왔다. 포장지 색을 보니 내가 포장한 선물이었다. 아이는 나와 전혀 눈을 마주치려 하지 않았다. 결국 그 아이의 삶에 나는 한 발자국도 가까워지지 못했다.

"이런 데이트도 좋지 않아? 넌 역시 너무 특별해. 너무 착하고. 애들이 좋아하는 거 봤지?"

보육원에서 나오니 이미 해가 진 후였다. 조금도 즐기지 못한 크리스마스가 끝나가고 있었다.

"내년에도 올까?"

대답하지 않았다. 말없이 걷는 우리의 머리 위로 눈이 내리고 있었다.

돈을 모으고, 스펙을 쌓고, 더 높이 올라가는 일의 종점은 어디일까. 나는 어디까지 가고 싶고, 얼마만큼 왔지? 또래보다 많은 저축액과 여러 자랑거리들, 오직 나만이 특별하다고 말해주는 애인 틈에서, 점점 떠내려가는 것 같았다. 분명 전부 내 것인데, 하나도 잡히지 않았다. 떠내려가면서도 확신이 드는 것이 딱 한 가지 있었다. 나는 그토록 꿈꾸던 외국 인턴에 합격할 것이다. 이렇게까지 강한 직감은 처음이었다. 문제가 있다면, 그다음이겠지. 인턴이 끝나는 1년 후에는? 목적을 전부 달성한 내년의 나에게는 무엇이 남지? 결승선만을 보고 달려온 나는 이제야 뒤를 돌아봤다. 내 뒤에는 아무것도 없었다. 결승선을 통과하는 순간까지 나는 혼자 남아 있었다. 메달을 받고 단상에 오르는 순간까지도. 아무것도 하지 않는 날이 많아졌다. 나아가야 하는데 더 뛰어갈 트랙이 없었다.

무엇이 되고 싶은지 잘 모르겠다. 교사나 소방관, 요리사 같은 직업군을 넘어서 내가 하고 싶은 게 무엇인지. 시간이 남아돌 때마다 생각의 꼬리가 이어졌다. 나는 무리에서 가장 돋보이는 사람이 되고 싶었던 것 같다. 열심히 사는 사람 중에 가장 열심히 사는 사람. 착한 사람 중에 가장 착한 사람. 아무것도 하지 않아도 매달 10일이 되면 통장에서 아프리카로 돈이 빠져나갔다. 그 돈이 어떻게 쓰이는지 알 게 뭐람. 식수 사업에 후원했으니 아프리카 사람들에게 깨끗한 물을 제공하는데 쓰이겠지. 어쩌면 아닐 수도 있고. 딱 만 원만 보냈어도 좋은 이웃 증서가 발행되었다. 증서를 가지고 있는 나는 착한 사람. 증서가 없는 사람을 앞질러 간, 더욱 착한 사람. 종교를 믿진 않지만 만약 착한 사람 순서대로 천국에 입장하게 된다면, 신 앞에서 면접을 보듯 생전 이

룬 나의 선행을 자랑할 수 있다면. '이쪽 문으로 들어가시면 됩니다' 하고 천국의 문지기가 내게 천국행 문을 열어줄 것이다. 천국 쪽으로 향하는 나를 향해 모든 망령들이 환호를 보내고 있다.

돈이 필요 없고 스펙이 필요 없고, 이력서와 자기소개서와 면접이 없는 나라에 도착하게 된다면 비로소 편해질 수 있을까. 신에게 왜 저를 천국의 시민으로 뽑으셨냐고 묻고 싶어진다. 나는 알고 싶었다. 왜 내가 착한 사람이 되길 무서워하는지. 어디서부터 어디까지가 진심이었는지 모르겠다. 모든 봉사활동에서 단 한 번도 즐겁지 않았느냐고 묻는다면 그건 아니었고, 희미하게나마 보람을 느끼기도 했다. 그렇지만 또 이 일을 계속 하고 싶은 건 아니야. 그럼 나는 어떤 사람이지? 수많은 모순이 나를 이리저리 망가뜨린다. 아주 단순한 문제 같은데 몇 년째 답을 찾지 못했다. 사람들은 혼자 보는 일기장에도 거짓말을 쓴다. 나를 정당화하기 위해서, 나를 지키기 위해서. 내가 지키고 있는 나는 여전히 열정적이다. 쉽게 포기하지 않는다. 도망치지 않을 거야. 천국의 입구에서, 당신은 착한 사람이 아니니 들어갈 수 없다고 거절당하는 일이 있어도 말이야. 그렇게 되면 저승에 텐트를 치고 앉아서 김밥을 팔아야겠다. 맞다. 나는 이런 사람이었다. 무너지지 않는 사람. 그러니 착한 사람보다 무너지지 않는 사람이 되고 싶다.

나는 아직 변하지 않았나. 착한 사람이 된다는 건 무섭다. 힘

없는 사람이 되는 건 더 두렵다. 어린 시절처럼 보리밭에 쭈그리고 앉아 생각했다. 보리밭에서 쭈그리고 앉아 놀던 시절. 뜻밖에도 내 눈동자에서 부화한 새가 날아가기도 한다. 아직 깨지지 않았나.

나는 쭈그리고 앉아 좋아하는 시를 읽어본다. 잘하고 싶은 마음이 그동안 얼마나 나를 슬프게 했는지 떠올렸다. 저 앞에 희미한 길이 보인다. 일어날 시간이었다. 천천히 발을 내디뎠다.

돈이 되는 일이면 뭐든 하자, 그런 마음으로 뭐든 하며 버텨왔다.

그러다 스물두 살의 나이에, 스물두 살의 전태일 열사를 기리는 상을 받게 되었다. 영광이라는 말로는 다 담기지 않는다.

각자의 이유로 치열하게 살아가는 이 시대의 청년들에게. 불안정한 삶을 버텨내며 액화 노동의 위에 서 있는 사람들에게. 이 상은 모두의 것이다.

앞으로도 외면하지 않고 쓰겠다. 노동과 삶의 진실, 그리고 버티는 존재들의 목소리를. 전태일 열사가 남긴 정신을 기억하며, 당신이 지켜준 나의 스물두 살을 이곳에 기쁘게 두고 간다.

전태일문학상 우수상 _____ **언덕 위의 선생님 외 1편**

정 서 희

2004년에 태어났다. 고양예술고등학교 문예창작과를 졸업하고, 추계예술대학교 문예창작과에 재학 중이다.

제33회 전태일문학상　　　　　　가작 수상작

강고운

이미 오딧물이 들어서

어째서 그렇게 됐다고? 우리의 놀이터인데, 학교인데, 우리 마을인데 나가야 된다는 거야?

"엄마, 그럼 우리 이제 샛강 못 가?"

"아니, 당연히 갈 수 있지. 그런데 거기서 일하는 사람들은 바뀔 수도 있고…….."

"안돼! 그럼 어디서 만나? 거기서 한강 애인들 만나서 놀아야 하잖아."

"그러게. 벌써 2년이나 매일 만났는데……. 이번에 조합원들 다모여서 대책회의 하자고 했어."

'뭔가 방법이 있을 거야. 찾아가서 우리의 진심을 전하면 될

거야.'

2년 전, 여의도샛강생태공원이 그 자리에 있다는 사실을 처음 알게 되었다. 2023년 4월 무렵, 딸이 초등학교 2학년 때였다. 윤중초등학교에서 진행하는 가족 생태 체험 프로그램에 스무 가족을 추첨했는데, 무턱대고 응모했던 터라 당첨되고 나서야 다시 내용을 들여다보았다. 그제야 체험 장소가 여의도샛강생태공원이라는 것을 알게 되었다.

'학교에서 가깝긴 하지. 근데 거기에 아무것도 없는데 어떻게 생태 체험을 하지?'

2018년에 여의도샛강생태공원 바로 앞으로 이사 와서 동네를 둘러보다가 그 앞을 지나간 적이 있었다. 그때 생태체험관 건물의 문은 잠겨 있었고, 윤중제방 아래 저 멀리 내려다보이는 곳은 덤불만 무성해 보였다. 노상 방뇨 금지 표시판이 눈에 띄었다. 지나다니는 사람도 없었다. 그 이후로 다시 샛강생태공원에 가지 않았다.

2023년, 5년 만에 다시 간 샛강생태공원에는 숲이 자라 있었다. 4월 어느 토요일 오전, 살짝 흐린 날씨에 버드나무는 시원한 바람소리를 만들어냈고, 아이들의 웃음소리도 시원하게 흘러 퍼졌다. 땅을 덮은 풀의 이름이 갈퀴덩굴이라는데, 손가락에 살짝 힘을 주어 뜯어내 옷에 붙여놓으니 마치 브로치 같았고, 머리에 붙이니 핀처럼 보였다. 다정한 생태체험 교사는 아이들이 이리저리 흩어져도, 엉뚱한 질문을 해도 재미있는 질문이라고 좋아했다. 아이들은 방동사니로 풀씨름을 하고, 흙을 맨발로 밟았다. 여울 소리가 들려왔다.

돌 틈에서 경쾌하게 부서지는 물소리를 들으며 조금 더 걸어가자, 작은 언덕 위에 어미 수달과 새끼 수달 두 마리 형상의 동상이 있었다. 수달이 여의도 샛강에 살고 있다고 했다. 밤에 다니니 우리가 직접 보지는 못해도 동작 감지 카메라에 동영상이 찍힌다고 한다. 생태체험 교사는 어두운 밤에 찍힌 수달을 보여주었다. 도시의 불빛에 눈만 밝게 비치는 수달들이 '끼릭 끼리리릭' 소리를 주고 받으며 지나다녔다. 정말로, 여기에 수달이 살고 있었다.

바로 그다음 날부터 딸아이와 나는 매일같이 샛강생태공원에 갔다. 아이는 여울에 발을 담그고 예쁜 돌을 골라서 집에 가져갔다. 초여름이면 뽕나무 가지가 무겁도록 오디가 열리고 길바닥은 보랏빛을 넘어 검게 물들었다. 오디는 다 익어서 바닥에 떨어져야 달콤한데, 풀숲 위에 떨어진 오디에는 흙먼지나 모래가 묻지 않았다. 우리는 풀숲을 오디 냉장고라고 부르며 매일매일 주워 먹었다. 달콤한 맛과 콧속을 가득 채우는 향기에 젖어 계속 주워 먹다 보면, 어느새 손끝은 검보랏빛으로 물들고 혀도 짙은 보라색으로 변했다. 새들도 오디를 주워 먹느라 길에 내려앉고, 주인과 산책하던 개들도 땅에 코를 박고 오디를 먹었다. 우리는 새들과 개들과 함께 밥상을 나눌 수 있으니 무척 기뻤다.

저녁이면 구불구불한 강처럼 굽이치는 샛강문화다리 위로 붉은 노을이 졌다. 생태체험관에서는 북토크나 강연이 자주 열렸다. 생태과학, 인문학, 사회학 등 주제도 다양했다. 각 분야에서 연구자로서, 또는 기자, 작가로서 일과 사회적 실천을 해온 훌륭한 분들을 많이 만날 수 있었다. 강연을 들으러 모이는 사람들 중에는 젊은 사람도 가끔 있었지만 대개는 은퇴 직후인 분들이 많았다. 열심히 자기 인생을 살고, 이제 다음 세대를 위해서 무엇을 해야 할까 고민하는 사람들이 모이다 보니, 훌륭한 '어른' 들을 만나게 되었다. 자주 만나 강연을 듣고, 함께 공부하고, 밥도 먹고, 자기소개도 하며 지내다 보니, 이제는 서로 떼어놓을 수 없는 샛강지기가 되어버렸다. 초등학생인 딸은 항상 나와 함께 다니다 보니 어른들의 귀여움을 한몸에 받았고, 내가 혼자 나타나기라도 하면 사람들은 "딸은 어디 두고 혼자 왔냐"며 딸부터 찾곤 했다.

소중한 공동체, 샛강지기들이 이제는 똑같은 걱정을 하게 되었다.

'이 아름다운 자연을, 공무원들이 과연 그대로 둘까?'

'우리들이 계속 생태체험관에 모이도록 공간을 내어줄까?'

2025년 2월 28일, 6년 동안 여의도샛강생태공원에 생명을 불어넣어온 민간 단체가 민간 위탁 심사에서 탈락했다. 대체공휴 일인 3월 3일, 단체의 조합원들이 모여서 대책회의를 하기로 했다. 숲이 과연 이대로 남아 있을 수 있을지, 그 속에 깃든 수많은 생명들이 지금처럼 살아갈 수 있을지, 모두들 걱정했다. 상을 받아도 마땅한 이 단체가 왜 쫓겨나야 하는지 이해할 수 없었다. 알고 보니 지자체장이 매우 싫어한단다. 그분이 추진하는 한강 사업에 걸림돌이란다. 어쩌면 좋을까.

한강 본류에서 이미 '그레이트 한강'을 하느라고 선착장을 짓고, 수백만 송이 꽃을 피우는 정원을 만들고 있다. 강을 자연으로 보지 않고, 놀이동산으로 여기는 이들이 샛강을 그대로 둘 리가 없었다. 그렇지 않아도 '생태공원 재정비 사업'이 그레이트 한강의 항목에 들어가 있는 터라 늘 불안했는데. 이제는 정말 걱정이 현실이 되어버렸다.

'1인 시위는 원래 불법이 아니래요.'

'피켓을 만들어요. 미래한강본부 앞에서도 1인 시위를 하고, 서울시청 앞에서도 해요.'

'1인 시위를 돌아기면서 아침마다 공무원들 출근길에 보라고 들고 있읍시다. 우리 단체 카톡방에서 순번 정해요.'

'서명도 받읍시다. 인터넷으로 퍼날라서 서명 받아요!'

카카오톡 단체방은 매일 불이 붙었다. 서명 운동을 하고, 미래한강본부와 서울시청 앞에서 1인 시위를 했다. SNS로 소식을 들은 사람들은, 지방에서도 서울에 올라온 김에 1인 시위를 하겠다며 찾아왔다. 3월부터 사람들의 일상에 시위가 끼어들기 시작했다.

아이 엄마라는 이유로, 동네 주민이라는 이유로 나는 '밥그릇 때문에 저런다'라는 의심을 받지 않아도 되었다. 사람들을 모아서 단체로 미래한강본부에 항의 방문을 했다. 성수동 한적한 곳에 있는 미래한강본부는 우리 같은 단체의 민원 방문을 받아본 적이 없었는지, 매우 당황했다. 오후 3시에 찾아가니 공원여가과 담당 과장을 만날 수 있었다. 과장은 민원인 8명을 상대로, 두 시간 동안 이야기를 들어주면서 '법적으로 아무 문제가 없다. 시민 활동을 유지할 수 있게 원만하게 잘 풀어가겠다'는 공무원다운 답변을 했다. 미래한강본부장을 만나게 해 달라고 하니, 검토해 보겠다고 했다. 이는 곧 못 만난다는 뜻이기에, 우리는 다음 주에는 아예 아침 8시부터 미래한강본부 앞에서 출근 전부터 기다렸다. 우리를 본 공무원들은 얼굴을 찌푸리며 이리저리 전화를 했고, 결국 출근한 본부장을 만날 수 있었다. 우리는 여의도에 50년을 살고 있는 할머니도, 샛강과 샛강숲에 감동한 사람들도, 기존의 민간 단체가 이렇게 숲을 만들어놓았고, 자연 기반 해법으로 숲을 유지하려면 공무원 인력만으로는 힘들다는 점을 아무리 설득해도, 본부장은 요지부동이었다. 생태공원은 원래 서울시가 관리하는 영역이란다. 민간 단체는 원래 프로그램 운영과 해설만 맡으면 된다고 했다. 그야말로 달걀로 바위 치기. 미래한강본부는 적법한 절차대로 일을 계속 진행했고, 민간 위탁 사업자는 교체되었으며, 자원봉사자로 북적이던 샛강생태공원은 한산해졌다.

나는 원래 혼자 있는 것을 좋아한다. 작은 새소리와 물소리가 나는 샛강에 혼자 있는 것이 참 좋다. 어릴 때부터 귀가 예민했다. 시간이 날 때면 피아노를 연주하거나, 조용히 독서를 하거나, 잠을 잤다. 친구도 많지 않았고, 수다를 떨기 위해 카페에 가는 일도 전혀 없었다. 그런데 이제 내 일상의 고요는 한 줌밖에 남지 않았다. 쉴 새 없이 카톡과 전화가 오고, 웹자보를 만들어야 하고 모집을 해야 했다.

하루종일 책만 읽고 싶다. 이제는 그만, 조용히 지내고 싶다. 어쩌면 좋을까? 이게 내 직업인가? 다들 일상을 잘 살아가는데, 왜 나는 이러고 있는 걸까? 특히나 남편은 예전부터 내가 집 밖에 나가는 것을 싫어하던 차라, 이번 일에는 진저리를 치며 반대를 했다. 정성스럽게 밥을 차려야 하는 전업주부가 바깥일을 하러 나간다니 말이 안 된다고 소리를 질렀다.

한 달이 또 흘러, 여의도의 4월은 벚꽃과 함께 시작된다. 윤중로를 따라 벚꽃이 한 바퀴 감는다. 전국에서 몰려오는 방문객들로 샛강생태체험관 앞길이 붐빈다. 이제 1인 시위는 건물 앞에서, 지나가는 사람들에게 현재 상황을 알리는 방식으로 바꾸었다. 이름하여 '샛강벚꽃독서클럽'. 1인 시위를 하려고 책상을 펼

쳐놓고 앉아 책을 읽는다. 아침 일찍부터 책상 주변에 항의하는 손팻말들을 세워놓고 책을 읽다 보면, 벚꽃이 책갈피처럼 살며시 내려앉는다. 몇 쪽을 다 읽기도 전에 사람들이 나타난다.

"아이고 이리 고생해서 어떻게 해."

사정을 알게 된 수많은 이들이 계속 와서 등을 두드리고, 단식투쟁 말고 폭식투쟁을 하자며 오는 손마다 먹을 것이 한 짐이다.

"김정순 선생님이 설렁탕을 15인분이나 사 오셨어요!"

"나는 이번에 오이김치 담갔어."

"고양시에서 텃밭하는 선생님이 아침 일찍 한 상자 가득 상추 뜯은 거 놓고 가셨어요."

윤중로에 산책하는 사람들이 꽉 들어차기 시작한다. 사람들이 밀리고 밀려 천천히 걷는다. 시계를 보지 않아도 12시 무렵이다. 조그만 마이크를 들고 여의도샛강생태공원의 상황을 알리는 시위를 한다. 일회용컵에 아이스아메리카노를 든 수많은 금융권 직장인들이 지나간다. 멀리서 배낭을 메고 고속버스를 타고 온 사람들도 많이 보인다. 천천히 걷는 사람들에게 우리 이야기를 들어 달라고, 수달이 여기에 살고 있다고 소리를 친다.

"그레이트 한강, 한강버스가 다니는 한강에는 수달이 살 수 없습니다!"

"미래한강본부에서는 뱀이 나오지 않는 안전한 샛강을 만들겠다고 하지만, 뱀이 없는 생태공원에서는 수달도 살 수 없습니다!"

"뱀, 벌, 모기도 같이 사는 생태공원을 지켜야 합니다!"

수시로 물을 마셔가며 한 시간을 소리치다 보면 사람들이 훅 줄어든다. 점심시간이 끝난 것이다. 그러고 나면 이제는 우리의 밥때다.

건물 2층에 올라가 보니, 모두가 모여 차린 밥상이 참 푸짐하다. 다들 이러다 살찐다고 웃으면서도, 맛있게 먹는다. 나는 목이 아파서 조용히 밥을 먹는다. 오늘도 서울시는 이러저러한 공문을 보내왔고, 어떤 작가님과 교수님이 무료로 강의를 해주신다는 연락이 왔다며 오가는 이야기가 바쁘다. 누군가는 먹을 것을 잔뜩 보내왔고, 또 누군가는 민간 단체가 어려움을 겪는 상황을 생각해 돈을 보내오기도 한다.

"엄마! 이거 봐라! 오늘 학교에서 만든 거야!"

이제는 딸도 4학년이 되었다. 여전히 학교가 끝나면 샛강생태공원으로 오는데, 이제는 개울가로 가지 못하고 엄마가 1인 시위를 하고 있는 책상으로 온다. 1인 시위를 하는 책상에서 숙제도 하고, 학교에서 만든 글라이더에 벚꽃 장식도 한다. 우리가 언제까지 이렇게 할 수 있을까? 딸아이는 엄마 속도 모르고, 날아다니는 벚꽃을 잡겠다고 이리저리 뛰어다닌다. 미안하다고 생각할 겨를도 없이 하루가 금세 지나버린다.

작년 늦가을 태풍에 견디지 못하고 누워버린 버드나무 등걸에 앉는다. 겨울 폭설에 부러진 나뭇가지들이 여전히 처량하다. 제법 어미와 덩치가 비슷해진 흰뺨검둥오리 새끼들도 간다. 여긴 참 벌레가 많다. 지렁이도, 물고기도 많다. 살아가는 것이 참 많다. 인간이 비켜주면 그들은 살아간다.

"엄마! 이제 여기 오디 열리나 봐!"

"그러네. 올해도 오디 잔뜩 열리네. 아직은 조그만데? 얼른 익었으면 좋겠다!"

눈을 감고 달콤한 오디 향을 상상한다. 그렇게 지나온 2년을 두서없이 떠올려본다. 손끝에 물들던 오디처럼 내 몸에 물들어버린 샛강. 이제 이 검푸른 물을 내 손에서 빼내기는 늦은 것 같다. 샛강이 흐르듯이 나도 흘러야겠다. 내가 바다에 다다를 때까지.

강고운

행복하여라
마음이 가난한 사람은

벌써 한 해의 반이 지났다. 아침 7시면 휴대폰이 하루를 재촉한다. 날아드는 카카오톡 메세지, 일정을 체크하라는 휴대폰 알림 화면들이 여러 개 뜬다. 휴대폰을 곁눈질하며 딸을 깨운다. 얼른 밥 먹여서 학교 보내야 하는데……,

"아, 왜 또 빌써 아침인 서야! 미워. 잘래, 더 잘래. 힝."

"어이고! 잠아 달아나라, 몸에서 얼른 떨어져라~."

엎드린 딸아이를 이리저리 주물러준다. 등도 긁어주고, 간지럼도 태운다.

허겁지겁 달걀을 부치는 사이에도 카카오톡 메세지는 이어진다. 내가 사람들에게 알려야 할 일정을 체크한다.

'2025년 6월 16일. 오늘의 샛강지기는……'

잠에서 덜 깬 아이의 입에다가 밥을 넣어주면서 동시에 카카오톡 메세지를 보는 게 미안해졌다. 휴대폰을 뒤집어 내려놓았다.

'미안해……'

어째서 일상을 휴대폰으로 시작해야 할까. 예전에 내 휴대폰은 가만히 있는 물건이었는데, 지난 3월부터는 아침부터 휴대폰을 붙들고 있다. 알뜰폰에 600메가바이트, 30분 통화 시간을 초과한 일이 한 번도 없어서 늘 3300원을 냈는데, 3월부터는 휴대폰 요금 4~5만원도 우습다.

한 사람이라도 함께 뜻을 모아주면 좋겠고, 여의도 샛강에 모여든 사람들이 흩어지지 않았으면 좋겠다. 저 샛강에 수달이 살고 있는데, 누가 샛강 수달 이야기를 들어줄까? "사람이 안전한 게 중요하다"는 공무원에게는 무슨 이야기를 해야 좋을까?

'샛강수호대 모집합니다'

'미싱으로 폐현수막 줍킹백 만들기'

'여의교 밑 화단 가꾸기'

'합창 모임 여울소리 모집합니다'

웹자보를 어설프게 하나하나 만들어본다. 하나둘 글자를 넣고 그림을 끼워 맞춘다. 모집 연락처는 모두 내 전화번호를 넣는다. 어설프게 만든 웹자보를 줄줄이 출력해서 여의도 샛강생태체험관 입구 게시판에 붙여놓았다. 예전에 민간 단체가 만들었던 세련된 웹자보만큼은 못하지만, 그래도 내 손으로 만들었으니 괜스레 뿌듯하다.

'배송 완료'

새로 산 장화가 도착했다. 장화를 10개나 샀다. 매주 목요일 오전이면 여의교 아래 야생화 화단에 물을 주고, 야생화를 가리는 개망초를 뽑았다. 물을 주려면 봉사자들도 장화를 신어야 한다. 정원은 뙤약볕에 타들어가고, 근처에는 수도꼭지도 없어 물 공급이 쉽지 않다. 샛강 물을 길어 퍼올리는 것은 불가능하고, 결국 찾은 방법은 서울시의 허락을 받아 인근 소화전 하나를 잠시 열어 큰 통에 물을 받아서 물조리개로 퍼다가 뿌려주는 것이었다. 물조리개에 물을 담아 들고 가다 보면, 흔들흔들 넘쳐 내 몸에도 물을 주곤 한다. 잠깐은 시원하기도 하지만, 곧 아무 생각이 없어진다. 이 넓은 땅에 아무리 물을 줘도 내일이면 다시 바싹 말라버릴 터라, 오늘 하루 최선을 다해서 물을 많이 주어야 한다.

그런데 이 일을 하겠다고 모인 사람들이 죄다 여자라, 필요한 장화는 230~240mm 크기다. 열심히 일하다가 이제 막 은퇴해서 세상에 도움 되게 살아보자고 모인 여자분들이 많다. 특히 교사분들이 많다. 몸도 작고, 힘도 모자란 사람들이 이걸 하겠다고 모여드니, 작은 장화부터 사놓는다. 남자들은 다들 어디 간 거야!

'합창단 신청 아직 받나요?'

문자가 또 왔다. 여의샛강에서 노래 모임도 만들었다. 홍보를 많이 안 했는데도 30명 가까이 모여들었다. 공동체가 커지는 방법은 여러 가지다.

2024년 12월, 여의샛강에서 피아노 동아리를 만들었다. 딱 3개월 동안, 사람들은 나란히 앉아 피아노를 치고, 리코더를 불고, 합창곡도 불렀다. 신나게 발표회와 축제를 하고 나니, 샛강에서 우리를 지원해주던 민간 단체가 쫓겨나는 사태가 일어났다. 정치적인 이유였다. 그들은 샛강에 숲을 만들고, 수달을 살게 하고, 수많은 새들이 모여들게 했으며, 또한 직장인들과 동네 주민들이 자연 속에서 작은 행복을 느낄 수 있도록 도와준 사람들이다. 2025년 3월부터 3개월 동안, 부당한 결정에 항의하러 다니고 사람들을 모아 시위를 하느라 시간이 흘렀다. 시위하는 동안 힘이 되어주던 사람들이, 같이 피아노 치던 사람들이었다. 지금은 여의샛강 공동체를 함께 꾸려가는 핵심 주역들이다. 음악은 사람들을 행복하게 이어준다. 자연과 음악은 원래 하나였다. 이제 우리는 함께 노래하며 좀 더 자연의 모습에 가까운 샛강이 되도록 이 생태공원을 지킬 것이다. 노래모임 이름은 '여울소리'로 지었다. 유람선을 띄우느라 수중보를 설치한 한강에서는 여울소리를 들을 수 없지만, 여울과 소가 어우러진 여의샛강에서는 여울소리를 들을 수 있다. 우리의 아름다운 샛강에서 계속 모여 자연과 함께 노래하겠다는 생각으로 만든 이름이다.

"엄마, 저 왔어요! 이거 봐요! 잘 만들었죠!"

샛강에서 오가는 사람과 사람을 연결하고, 수달을 걱정하며 공원을 살피다 보면 아이가 하교할 시간이 된다. 딸아이는 늘 뭔가를 만든다. 손을 가만히 두지 못하고 늘 뭔가를 만들고 있는 아이. 아이가 샛강으로 오면 공부를 봐주고, 함께 샛강을 돌아보면서 일을 한다. 누군가 넘어뜨린 목책 사진을 찍고 다시 세워주고, 함부로 버려진 쓰레기를 치운다. 너무 더우면 신발을 벗고 맨발로 돌아다니다가 물에 발을 담그면 더위가 싹 가신다. 여의샛강 물은 맑고 시원하다.

안팎으로 벌어지는 일이 많아 저녁에는 회의도 자주 하고, 김밥으로 저녁을 때워가며 회의를 한다. 아이는 꽤나 심심해한다. 자꾸 아이에게 미안한 일이 늘어난다. 부자도 아닌데, 부자가 많은 여의도에 살다 보니 아이는 친구들에게 듣는 이야기가 많다. 호텔 수영장, 해외 여행, 새 옷, 새 휴대폰 등. 우리는 돈은 별로 없지만 시간은 많았다. 시간 부자로 살자며 아이를 설득해서 학원도 보내지 않고 같이 놀고 공부하면서 지냈는데, 엄마가 엉뚱하게 바빠지니 아이는 서운한 일이 늘어난다. 돈이 안되는 일만 계속 하고 있으니, 결국 내가 좋아서 하는 일이지만 내 삶의 다음 계획은 세우지 못하고 있다. 이리저리 바쁘게 보내고 밤이 깊으면 아이는 잠들고, 나는 다음 날 일정을 다시 들여다보며 아이 옆에 눕는다.

아이는 씩씩하다. 지렁이도 귀엽고 미꾸라지도 만지고 싶지만, 아빠는 게임을 하느라 방 밖으로 나오지 않는다. 우리는 이미 샛강 사람들과 더 자주 만나고 놀았기에, 일상이 달라질 것은 없다. 다만 하나의 걱정은 앞으로 이사를 가야 할 텐데, 샛강 가까운 곳에 계속 살 수 있을지 걱정이다. 어떻게 될까? 집도 잃고 샛강도 잃게 되지 않을까? 걱정할 겨를이 없다. 내가 샛강 곁에 머무는 시간 동안 샛강에 있는 사람들을 최대한 연결해두어야 한다. 이곳을 수많은 사람들이 깃든 곳으로 만들고 싶다.

"그러다 지쳐. 할 수 있는 만큼만 해."

"그런데 저 대신 한다는 사람이 아직 없어요."

"그건 그러네. 샛강 상황이 좀 나아져야 할 텐데……."

샛강 수달이 지나다닌 발사국이 선명한데, 그 위에 있는 나무 다리를 하루아침에 뜯어내 버렸다. 전기톱으로 나무 다리를 분해하고, 못을 빼내 나무 조각을 모두 들어내고 나니 앙상한 철골만 남았다. 매일 이 다리 아래를 지나다니며 사냥하고 놀던 수달 세 마리는 며칠간의 소동을 겪으며 무슨 생각을 할까? 아직도 공사는 한참이나 남았는데, 수달들이 샛강에 계속 머물러줄까?

공무원은 이렇게 말한다.

"이 나무다리 내구 연한이 다 되었어요. 속이 다 썩었어요. 이 나무다리를 지나가다가 사람이 다치면 누가 책임져요! 이제 바꿔야되요. 장마가 오기 전에 빨리 공사해야 수달한테도 영향이 없어요. 수달도 중요하죠. 알아요. 근데 사람이 더 중요한 것 아 닙니까!"

나무 다리를 설치하던 15년 전에는 샛강에 수달이 없었다. 그 런데 지금은 수달이 산다. 나무 다리는 여기 말고도 세 개나 더 있다. 수달이 덜 불안하도록 여러 보호 조치를 하고 공사를 해야 한다는데, 아무 조치도 없었다. 일단 다리를 다시 만들어야 한 다. 여의도샛강생태공원 재정비 사업에 책정된 예산이 20억이 라고 한다.

"이거 자잘한 공사예요. 20억밖에 안해요. 금방 하면 수달한 테도 영향 없어요. 저도 정말 누구보다 자연을 사랑하는 사람입 니다."

결국 나는 철골만 남은 다리 위로 올라가 '여의도샛강생태공 원에는 멸종위기 야생생물 1급 수달이 살고 있습니다' 손팻말을 들고 하루종일 있어야 했다. 철골밖에 남지 않아 추락주의 안내 문이 붙은 로프를 잡고 걸어다녀야 했다. 어째서 이렇게까지 해 야 할까? 철골에 조용히 앉아 있으니, 생태공원의 주인들이 참 많이 지나다닌다. 다리 아래 흐르는 강물 위로는, 내가 있는 줄 모르는 왜가리와 민물가마우지가 지나가고, 이제는 다 자란 흰 뺨검둥오리 형제들도 지나다닌다.

이렇게 몇 달을 지내다보니, 사진과 사연이 SNS를 타고 퍼져 나가 기사에도 실리고, 나를 만나면 수고한다고 말해주는 사람도 있다. 하지만 달라진 것은 별로 없다. 샛강은 오늘도 외롭고, 위태로워지고 있다.

여전히 조직, 투쟁, 반대는 참으로 힘들다. 사이좋게 지내고 싶고, 큰소리가 나는 것도 싫다. 고위 공무원을 만나서 설득할 기회를 어쩌다 얻게 되어도, 어법에 맞게 근엄한 말투로 말할 줄도 모른다. 여전히 위원장이라는 호칭도 남사스럽다. 평범한 사람으로 조용히 살기가 이렇게나 어렵다니!

"행복하여라~ 행복하여라~ 마음 가난한 사람은~"

"네. 활동가님. 무슨 일이세요?"

"아 선생님 바쁘시죠? 저번에 그 물건 샛강센터에서 가져가셨다는데, 어디 있는지 아세요?"

"글쎄요. 찾아볼게요."

"행복하여라~ 행복하여라~ 마음 가난한 사람은~"

"네. 선생님."

"저번에 얘기하신 미싱 수업에 신청자가 좀 있어요? 줍깅백 현수막으로 만들기로 한 거."

"아직 한 명이네요."

"아이고. 어디다가 홍보를 해야 하지."

"행복하여라~ 행복하……."

"네. 아! 잘 지내셨어요! 여기요? 바쁘죠? 언제 오신다고요?"

"엄마! 나왔어!"

샛강에서 만난 인연이 삶의 중심이 된 지 3년째 접어듭니다. 평온한 일상, 고독, 음악을 듣거나 연주하기, 조용한 숲이나 미술관과 박물관에 가는 것을 좋아합니다. 가장 힘든 건 붐비는 쇼핑몰, 꽉 막힌 도로에 있는 것입니다. 조용하고 소박한 삶 가운데 예술과 좋은 만남으로 지구에 덜 해롭기를 소원합니다.

✻

"여의도 샛강생태공원과 한몸인 활동가 강고운은 전직 중환자실 간호사다. 중환자실엔 수시로 위급 상황이 발생한다. 머리보다 몸이 먼저 움직여 대처해야 하는 곳이다. 이곳에서 익힌 습성은 강고운의 몸에 깊이 각인되어 지금도 일상 속에서 작동한다. 무슨 일이 생기건 바로 달려들고, 일이 아무리 많아져도 주저함 없이 떠맡는다. 이 즉각성과 적극성은 함께 활동하는 이들에게 축복이지만, 본인은 얼마나 힘들겠는가. 부디 강고운이 덜 즉각적이고 덜 적극적이어도 세상이 돌아가길 바란다." (샛강지기 이원락 선생님, 정성후 선생님 부부)

전태일문학상 가작   **이미 오딧물이 들어서 외 1편**

상 고 운

1981년에 태어났으며, 연세대학교 간호학과를 졸업했다. 삼성서울병원 암센터 중환자실, 송파치매지원센터, 강남치매지원센터에서 간호사로 일했다. 지금은 열 살 딸아이의 엄마로, 여의도 샛강생태공원 활동가로 살아가고 있다.

김 미 정

꿈꾸는 집

붉은색 넝쿨장미가 울타리를 따라 피어 있고, 잔디 마당 한편
에는 텃밭이 있는 집, 남향의 집 둘레로는 나무 데크가 깔려 있
어 빨래를 널기에 좋고, 주방 문을 열어 텃밭의 상추를 따 오면
흙을 털고 다듬어야 하니까 주방보다 더 넓은 물부엌이 있는 집
을 그렸다. 수첩 한 귀퉁이에, 아침 조회 시간에.

스피커에서 나오는 구령에 따라 체조를 했다. 40여 명에 가까
운 성인 여성들이 팔을 휘젓고 옆구리를 늘리고 깡충깡충 뛰기
도 했다. 체조의 모범 동작을 해 보이려는 담임교사처럼 칠판과
탁자 사이에서 체조를 하는 소장이 그 공간에 있는 유일한 남자
였다. 체조 방송이 끝나면 언제나처럼 조회가 있었다. 40여 명의

여성들을 위한 교육 시간이기도 했다.

소장은 팔 벌리며 운동한 힘이 입으로 뻗어나간 것 같았다. 새로 출시된 연금보험을 계약해 오면 모집인에게 떨어지는 수당이 한 건당 얼마인지 알려주었다. 이 상품이 모집인뿐만 아니라 계약자에게도 얼마나 유리한지에 대해 설명하는 소장의 입에서 침이 튀었다. 소장은 학생들 앞에서 알아듣지 못하는 수학 문제를 풀이해주는 고3 시절의 교사처럼 보였다. 칠판을 가득 채우며 설명하는 듯한 소장의 태도에 부응하고자 나는 자세를 바로 했다. 자신의 말을 잘 알아듣지 못하는 것 같았는지 소장이 나를 흘끔 쳐다보았다. 그는 할 수만 있다면 내 이마에 연금보험 광고판이라도 탕탕 못을 박아 달아줄 것만 같은 표정이었다. 소장이 영업소 전 사람들에게 눈길을 돌리더니 이내 자신감을 회복한 것 같았다. 다른 사람들의 얼굴에서는 오후 마감 때 계약서를 들고 오는 표정이 이미 떠올라 있었던 것일까.

나도 소장처럼 유창하게 말을 하고 싶었다. 그가 말하는 것처럼 고객 앞에서 사신 있게 보험을 설명하면서 계약하는 장년을 상상했다. 평소에는 출근해 오전에 교육을 받고 지인을 만나러 가는 식으로 보내지만, 보험 영입소에는 한 달에 몇 차례 계약 마감날이 정해져 있었다. 어쨌거나 영업소를 나갔다가 오후에 들어올 때는 계약서를 손에 들고 있어야만 했다. 오늘은 새 상품을 들고 나가 광고하고 설득하고, 붉은 도장을 찍은 계약서를 들고 와야 하는 마감날이다. 내가 들고 간 연금을 사줄 수 있는 사람을 떠올려보았다. 지난번 만났을 때 '다음에'라고 계약을 미루던 그를 찾아갈까, 여고 동창생의 직장으로 찾아갈까. 하지만 나는 가급적 아는 사람을 찾아가지 않으려 마음먹었다.

그전 주에 도립도서관에 홍보차 들렀다가 여고 동창생을 만났다. 고객들의 개인정보를 알기 위해서 회사에서 만들어준 앙케이트 종이를 나누어 주어도 괜찮냐고 물었더니, 친구가 그러라고 했다. 나는 친구가 근무하는 도서관 사무실 사람들에게 회사의 앙케이트 종이를 나누어 주면서, 생년월일을 적어주면 다음 주에는 바이오리듬 표를 뽑아다 주겠다고 했다. 몇 사람이 흥미를 보였고, 몇 사람은 옆으로 밀어둔 채 모른 척했다. 일이 바쁜데 찾아온 게 불쾌했을 수도 있지만, 냉담한 사람을 만난 것 같아 가슴이 철렁했다. 조심스럽게 앙케이트 종이를 돌려받으려는데, 누군가 성큼 사무실로 들어왔다. 그가 큰소리로 말했다.

"무슨 일로 온 사람인가?"

나는 잘못을 하다 들킨 사람처럼 얼굴이 달아오른 채 회사 이름을 댔다. 그의 얼굴이 굳어지더니 다시 물었다.

"어떻게 잡상인이 이런 데를 들어왔나?"

그때 누군가 내 친구의 이름을 말했고, 친구는 당황하며 벌떡 일어났다.

"아닙니다. 친구가 아니에요. 그냥 동창이에요!"

나는 친구에게 미안하다는 말도 제대로 못 하고 사무실을 빠져나왔다. 커다란 도서관 건물이 내 뒷통수를 계속해서 주시하는 것 같았다. 나는 버스 정류장으로 걸어가며 고개를 들어 하늘을 보았다. 잡상인 취급이 서러운지, 친구가 나를 동창일 뿐이라고 허둥댔던 게 섭섭한지 알 수 없었다. 울지 않으려 침을 꼴깍 삼키는데 짠맛이 났다.

누구에게 가서 미래를 팔까, 누구에게 가서 미래를 보장하는 꿈을 이야기할까? 한 사람을 떠올리고 지우고, 또 한 사람을 떠올리고는 지웠다. 게다가 말주변이 없는 나는 연금에 대해 소장처럼 말할 수 없을 것이었다. 내가 만날 그들은 아직 젊어서 너무 멀어 아득한 자신들의 노후를 그릴 수 없고, 미래의 불안을 공감할 수 없으니 내가 팔려는 보험에는 흥미가 없을 것이었다.

늙어보지 못한 내가 다른 이의 노후에 관해 무엇을 이야기할 수 있겠는가. 오늘의 그를 모르면서 늙은 그의 삶을 어떻게 상상해야 하는가. 그의 삶을 상상할 수 없으면서도 오늘 내가 해야 하는 일은 보험 계약을 해 오는 것. 나는 다른 이의 노후를 담보로 잡고 연금보험 계약을 해야 하는 사람이지만, 보험 모집을 위해 사람을 만나러 나갈 용기와 자신감이 턱없이 부족했다. 사고와 미래에 대한 불안을 조장하여 나의 이익으로 이어가야 하는 일처럼 보일수록 나는 보험을 판매하는 일에 자신이 없었다. 불안이라면 오히려 내가 더 컸다. 당장 어디로 가야 할까. 계약 보고를 해야 하는 날, 가야 할 곳을 떠올리면 사람들이 철벽을 앞에 세우고 나를 막고 있는 것 같았다.

소장은 늘 보험을 상품이라고 했다. 그가 설명하는 '장수축하 노후연금'은 새로 나온 상품이었다. 새로운 상품은 고객이 흥미를 갖기 전에 파는 사람이 와락 매력을 느껴야 한다. 그래야 아무것도 생각하지 않던 사람의 구매욕을 자극할 수 있는 것이다. 보험 아줌마가 된 이후, 나는 상품을 파는 사람이어야 했지만 나는 내가 팔아야 할 상품에 반하지 못하는 영업사원이었다. 나와 함께 보험회사에 다니는 여성들의 열정으로 회사는 튼튼하고 높은 건물을 올리고 부자 회사로 성장하고 있었다. 나는 그 건물 안에서 실적을 올리지 못했으므로 하루하루가 불안했고, 마감일이 오면 실적을 보고할 게 없어서 몸이 오그라들었다.

매력 있는 신상품을 설명하는 소장의 말이 길어지면, 내 앞에 놓여 있는 보험회사 수첩에서는 울타리의 장미가 봉우리를 펴고 꽃잎이 아름답게 벌어졌다. 어느 틈에 나무가 두세 그루 더 심어졌고, 빨랫줄엔 빨래가 바람을 타며 나부꼈다. 나무 울타리에는 흰색 페인트를 칠해야지. 나는 다른 종이에 또다시 장미꽃 울타리의 집을 한 채 더 그렸다.

첫 달 교육만 받아도 30만 원을 받게 되고, 그 후에도 한 달에 30만 원 수입은 회사에서 보장해줄 것이라는 말을 듣고 보험 모집인 교육을 받고 시험을 받았다. 월급을 가져왔다 안 가져왔다하는 남편의 수입에 내 수입 30만 원이 더해지기만 하면 집안이 안정될 것 같았다. 그러나 그 30만 원은 보험 계약을 해 와야만 보장되는 것이라는 걸, 보험회사 입사 후에 알았다. 그 달 계약이 한 건이라도 없다면 기본 소득 30만 원도 없다는 것도 나중에야 알았다. 그저 보험회사에 출근만 하는 것으로 30만 원을 준다는 말이 아니었다. 보험 한 건 계약보다 모집인 한 명을 데려가는 수당이 더 많다는 것도 나중에 알았을 때는 나를 데려간 모집인에게 뭔가 속은 기분이 들었지만, 그보다 나는 한 달에 30만 원이라는 돈이 절실했다.

나는 미래의 집을 종이 위에 그렸다. 울타리를 그리고 장미꽃을 그리고 벽을 세우고 나면 방을 넓혔다. 이곳에 앉아 있는 목표가 그 달의 생활비가 아니라 장미꽃 울타리가 있는 집의 안주인이 되고 싶은 꿈으로 바꾸면 보험 아줌마인 나를 대하는 사람들의 냉담을 그럭저럭 견딜 수 있었다. 두 살 된 아들을 어린이집에 맡겨놓고 보험회사에 다니던 그때, 나는 스물여덟이었다. 영업을 위해 만나는 사람들이 많았고, 그만큼 거절은 더 많았다.

2년 동안 보험회사 영업사원을 했지만 돈을 모으지는 못했다. 그 회사에 가입했던 내 노후연금보험도 다달이 큰 지출이어서, 보험 일을 그만두면서는 해약했다. 장미꽃 울타리의 집은 너무 멀고 커서 아득한 꿈이 되어 버렸다. 그 집을 꿈꾸는 게 쓰디쓴 무언가를 삼키고 버티게 하는 위안도 되지 못했다. 아이 아빠의 사업이 망하면서 집 한 채 값의 빚이 늘었다. 살고 있던 다세대 주택마저 은행의 것이 되어 버렸다. 영업직보다 확실한 수입이 필요했기에 구직 신문에서 찾은 식당에 전화를 걸었다. 12시간을 일하면 80만 원을 주겠다고 했다. 아이 아빠가 만들어 버린 빚은 나를 밤낮없이 일해야 하는 감옥 안으로 밀어 넣는 것 같았다.

내 상황이 속상해져 울거나, 탓을 해본들 빚의 무게는 가벼워지지 않았다. 집안에서 부부싸움이 잦아지고, 누가 죽거나 죽일 수도 있다는 상황이 일어났다. 나는 남편에게 맞아 멍이 든 내 얼굴을 어린 아들에게 보이고 싶지 않았다. 하지만 내 동생은 집에 왔다가 언니가 맞는 모습을 보고 말았다. 아이 아빠가 마시던 소주병으로 내 머리를 때렸다. 평소의 우리 집의 상황을 알지 못하던 동생은 피를 흘리는 내 머리를 닦으며, 왜 이렇게 사느냐고 울었다. 결혼 시작 때부터 내 결혼이 잘못되었다고 생각했었으므로 이제는 이혼을 하여야겠다고 생각했다.

이혼은 쉽지 않았다. 나는 아들과 함께 옷과 몇 권의 책만을 들고 아이 아빠에게서 빠져나왔다. 단독주택의 방 한 칸을 빌려 아들과 나는 숨어 지냈다. 도망간 모자를 찾으며 화가 난 아이 아빠가 우리 방으로 들이닥치지만 않아도 좋겠다고 생각했다. 술을 마시고 밤늦게 전화를 해대는 아이 아빠는 이혼을 원하지 않는다며 애원하다가, 이혼할 거면 아들을 내놓으라고 윽박질렀다. 그즈음의 그는 나에게 가장 위험한 사람이었다.

친정어머니는 내 결혼 생활의 속사정을 이해하는커녕, 내 이혼이 동네 사람들에게 창피하다며 이혼을 반대했다. 어머니는 말했다. "자식을 위해서 여자가 참아야 한다. 나도 맞으면서 이제까지 살았다. 남자들이 젊을 때 거칠더라도 나이가 들면 변한다. 너희 아버지도 그러지 않냐." 어머니가 두려운 것은 주위 사람들이 내 이혼을 알고 뒷이야기를 하는 것이었다. 성격이 급한 편인 아버지는 집에서고 밭에서고 화가 나 있을 때가 많았고, 아버지의 성격을 잘 맞추지 못할 때마다 어머니는 몇 마디 해 보지도 못하고 아버지에게 두들겨 맞았다. 나는 불쌍한 어머니를 보며 자랐다. 밤중에 눈을 떠보면 어린 동생만 업고 집을 나가려는 어머니가 보였다. 그때 어렸던 내가 얼마나 무서웠었는지 어머니에게 말하지 않았다. 나는 그때 어머니 없는 집에 아버지와 살게 될 것이 너무나 무서워서 제발 어머니가 집을 나가지 않기를 빌었었다. 그러니 지금 나의 이혼을 반대하는 어머니의 두려움을 비난하고 싶지 않았다.

어머니가 반대하고, 정작 나도 이혼 후 살아갈 방도가 딱히 있는 것도 아니어서 이혼이 무서웠다. 세상의 눈들이 나를 떠밀어 실패한 자들의 벼랑에 세운 것 같았다. 그러나 다시는 아이 아빠와 합치고 싶지 않았다. 1년여를 끌어서 가까스로 이혼을 할 수 있었다. 결혼보다 다행인 이혼이었으므로 이혼녀가 된 나에게 던지는 세상의 눈빛을 감내하고자 했다. 하지만 이혼 후에도 잘 살아보겠다는 의지가 굳은 만큼 어느새 내 몸에는 가시가 돋아 나고 있었다. 나는 그 가시를 세상과 싸우는 무기로 키우지는 못 하고 어린 아들을 혼내는 데만 썼다. 아들은 나중에 그 시절을 회상하다 울었다. 엄마와 살던 그 집에서는 현관문도 단단히 서 서 화를 내는 것 같았다고, 학교에서 집으로 돌아올 때마다 현관 문 앞에서 가슴이 두근거렸다고 했다.

그때로부터 오랜 시간이 흘렀다. 어렸던 아들은 성인이 되었 고, 작년에는 결혼하여 독립했다. 더 좋은 건 꿈에 그리던 내 집 이 생겼다는 것이다. 지난봄에 이사하면서, 그동안 남의 집에 갈 때마다 부러워하던 모양으로 거실을 꾸몄다. 거실 벽 중앙에 티 비를 걸고, 맞은편에 커다란 소파를 들인 것이다. 이사 오기 전 의 집은 집안에 물건이 넘치고 있어서 집 안으로 들어가면 창고 에 들어가는 것 같았다. 집안에서 좀 쉬고 싶을 때면 푹신한 소 파에 옆으로 누워 티비를 보고 싶었지만, 그럴 공간이 되지 않았 다. 어떤 사람들은 소파와 티비를 치우고 거실을 서재처럼 쓰기 도 했지만, 소파를 가져보지 못한 나는 그 소파에 누워 티비를 볼 수 있기를 바랐다. 새집에서 처음으로 소파 놓인 거실을 갖게 되자 비로소 내 삶이 정상적인 보통 사람의 집으로 들어온 것 같 았다. 먼 길을 돌고 돌아, 드디어 꿈꾸던 집에 당도했고 비로소 '즐거운 나의 집'에 왔다고, 생각했다.

즐거운 나의 집을 꾸미는 데 열중하던 내게 이상이 찾아왔다.

10여 년 동안 건강검진을 하러 가지 못하다가 들른 산부인과에서 정밀 검사를 해 보라는 말을 들었다. 새로 마련한 나의 집에 스멀스멀 걱정의 무리들이 침범하기 시작한 것이다. 35년 전에 나는 다른 사람들에게 '장수축하연금' 보험을 팔면서 미래의 불안에 관해 이야기했고, 미래를 준비하라고 설득했지만, 정작 나는 보험의 수혜자가 되지 못했다. 보험을 유지하지 못했기 때문이다. 게다가 집을 사면서 저축액을 싹 쓸어모았고 약간의 대출도 받은 터라 생활비가 늘 빠듯한 느낌으로 지내고 있었다. 자기 집이 있는데도 경제적으로 쪼들리는 상태를 이르는 말로 '하우스 푸어' 라는 말을 보았는데, 내 상황을 가리키는 것이었다. 사람들을 찾아다니면서 나이 들어 병이 날 때와 어느 날 갑자기 사고가 날 때를 대비해서 보험을 들어두라고 했던 나는, 정작 미래의 내 시간에 내 위험을 보장해줄 보험 증권 없이 와 버렸다.

며칠 전 친절한 목소리의 여성의 전화를 받았다. 보험 설계사였다. 그녀는 내게 노후에 가장 무섭다는 치매 보험을 안내해주었다. 오래전 내가 그랬듯이 그녀는 미래의 불안을 덜어줄 경제적인 방법을 알려주려 했다. 그러나 곧 나는 자격이 안 된다는 이야기를 들었다. 나는 최근에 수술을 받은 적이 있는 암환자였고, 몇 년 동안은 보험 가입 대상에서 제외된다고 했다. 젊지도 않고 건강하지도 않은 사람은 보험의 세계에서 반가운 고객이 아니었다.

꽤 열심히 살았고, 꿈에 바라던 대로 소파를 넣은 거실이 있는 집도 생겼는데, 나는 왜 안심하고 살지 못하게 되어 버린 걸까. 새집으로 이사 오면서 악몽을 꾸지 않게 되었다고 좋아했는데, 큰 병을 앓고 나서 더 가벼워진 저축 통장을 보면서 나는 오래전 꾸었던 꿈을 다시 기억해본다. 이곳이 정말 내가 꿈꾸던 자리인가. 본래의 내 꿈이란 무엇인가. 내 꿈은 그저 아름다운 집뿐이었던가. 내 꿈은 그저 편안한 가정뿐이었던가. 내 삶이 아직은 푸릇하던 그때, 가지를 펴며 충분히 뻗어 나갈 수도 있었을 그때, 나는 장미꽃 울타리의 집 말고 다른 꿈은 무엇이 있었던가. 소파에 앉아서 텔레비전 리모컨을 돌리다가 궁금해졌다. 나는 내 인생에 무엇을 바랐는가.

김미정

그 빵의 이름은

"이건 무슨 케이크예요?"

"5컵 케이크라고 하던데."

"케이크 이름이 뭐 그래요?"

시니어를 위한 문화 프로그램 마지막 날, 각자 음식을 가져와서 모임 마무리를 축하하는 자리를 갖자는 리더의 말에 나는 유튜브에서 본 케이크를 구워 가기로 했다. 유튜브에 '다섯 컵으로 쉽게 만드는 케이크'라고 제목이 달린 영상을 보니 우리 집에 있는 광파오븐으로 어렵지 않게 만들 수 있을 것 같았다. 재료도 집에 있는 것들이었다. 레시피도 간단했다. 밀가루 두 컵, 설탕 한 컵, 버터 또는 식용유 한 컵, 달걀 세 개를 대략 한 컵으로 계

량한 것이었다. 나는 유튜브에서 본 대로 재료를 섞고 오븐에서
굽고 꺼냈는데, 집에 있던 구움 틀이 물결 모양이 나는 것이라
구운 케이크를 뒤집어놓았을 때는 모양이 꽤 그럴싸했다. 모임
에 모인 사람들이 맛있어 보인다며 케이크 이름을 물었을 때, 나
는 "다섯 컵 케이크"라고 말하면서 뭔가 케이크에게 잘못하는
것 같았다. 아들 낳으려고 하다가 또 딸이어서 이름이 말순이가
되었다는 내 친구처럼, 이 레시피대로 구운 케이크 이름이 있을
텐데 싶었다. 케이크가 원래 만들어졌던 프랑스나 이탈리아, 독
일 같은 데서 부르던 이름이라면, 다섯 컵 케이크보다는 예쁜 이
름이겠지.

인터넷을 검색해보니 내가 만든 케이크는 파운드케이크랄 수
있겠다. 하지만 파운드라는 말은 밀가루와 달걀, 버터와 설탕을
1파운드씩 같은 비율로 섞어 굽는 데서 유래했다고 한다. 다섯
컵 케이크나 다를 바 없고, 내 친구 말순이란 이름처럼 불리는
대상을 소홀히 대하는 느낌을 지울 수 없는 작명이었다. 그리고
떠오르는 이름, 빵 언니. 이름이 영자라서 숫자 '0'이 연결되고
숫자 0은 빵으로 이어져 만들어졌을 별명. 파운드를 컵으로 환
산해서 구운 케이크를 보며 영자 언니가 생각난다. 그녀는 내가
다녔던 국민학교의 급사였다.

나는 어서 빨리 학교에 들어가고 싶었다. 학교에서 돌아오는
동네 언니들을 보았던, 일곱 살 무렵이었다. 언니들의 손에는 사

각 모양의 빵이 하나같이 들려 있었다. 골목 어귀에 어머니와 함께 서 있던 내가 빵이 먹고 싶다고 어머니를 조르자, 어머니가 언니들에게 빵을 조금 줄 수 있냐고 했고, 망설이던 한 언니가 네모난 빵 한 쪽을 떼어 내게 주었다. 그 빵은 집에서 어머니가 만들곤 하던 막걸리 찐빵과는 달랐다. 팥 앙금이 들어 있어 고급 빵이라고도 불리던 군빵과도 달랐다. 구워서 군빵이라고 했으니까 언니들이 갖고 오던 빵도 구운 빵이겠지만, 학교 급식 때 받아오는 거라 급식빵으로 불렸던 이 빵의 겉면은 잘 구워진 벽돌처럼 단단한 네모 틀에 하얗고 구수한 속살이 알차게 채워져 있었다.

빵을 더 먹고 싶었던 나는, 날마다 동네 언니들이 학교에서 돌아올 시간쯤을 헤아려 골목 입구에 나갔다. 며칠이 지나 학교에서 돌아오는 한 언니를 만났을 때, 나는 며칠 전처럼 빵을 떼어 주리라 기대하며 침을 꼴깍였다. 하지만, 언니는 나와 눈도 마주치려 하지 않고 휙 하니 가 버렸다. 나는 울 것 같은 마음으로 집으로 돌아와 빵을 얻지 못했다고 어머니께 말했다. 어머니가 다시 올레 입구로 나갔고, 학교에서 돌아오는 다른 언니를 기다렸다. 하지만 어머니도 빈손으로 돌아왔다. 한 언니가 빵을 들고 오고 있었지만 오늘은 안 된다고, 동생을 주려고 자기도 안 먹고 갖고 오는 것이라고 말했다고 한다. 어머니는 나에게 내년에 학교에 가면 빵을 먹을 거라고 알려주었다. 나는 결심했다. 빨리 학교에 가야겠다.

1971년, 나도 비로소 국민학교 1학년 어린이가 되었다. 빵을 실은 차가 와서 교무실 앞에 빵을 내리면 학교 구석구석으로 빵 냄새가 퍼져 배는 고파지고, 공부 시간은 더디게 흘러갔다. 급사 언니는 둥근 쇠 대야에 빵을 담아서 머리에 얹고는 1학년부터 6학년까지 열두 교실에 배달을 했다. 대개는 4교시 수업 중간쯤에 조용히 교실 문을 열고 대야를 내려놓고 갔다. 교실 안으로 빵 냄새가 퍼지면, 눈은 자꾸만 문 입구에 놓인 빵 대야만 보게 되었다. 선생님은 길쭉한 사각형 모양에 서너 개의 구분 선이 있는 식빵을 한 조각씩 떼어 1학년 우리 반 아이들에게 나누어 주었다. 남자아이들은 누가 더 큰 것을 받았는지 책상 위에 놓고 비교해 보기도 하고, 가운데 속살만 파먹는 아이가 있는가 하면, 겉의 딱딱한 면을 좋아해서 그것부터 먹는 애들도 있었다.

가끔 빵이 남는 날이 있었다. 그러면 선생님은 그날의 착한 어린이에게 상으로 빵을 주었다. 하루는 내 친구 경숙이가 빵을 받았다. 이유는 아침 애국조회 시간에 줄을 잘 섰다는 것이다. 그 다음 주 애국조회 때, 나도 착한 어린이가 되어 빵을 받고 싶어서 선생님이 나를 봐 주기를 기다렸다. 선생님이 알려주신 대로 앞으로나란히 할 때는 팔을 반듯하게 폈고, 눈은 앞 사람의 뒤통수만 똑바로 보면서 그 아이 바로 앞의 다른 아이 머리가 안 보이도록 줄을 맞춰 섰다. 열중쉬어 자세로 뒷짐을 지고 교장 선생님 말씀을 들을 때도, 교장 선생님이 서 있는 곳을 향해 반듯하게 서 있으려 했다. 선생님이 나를 칭찬하며 내게 빵을 하나 더 주는 모습을 그렸다. 내 마음을 꿰뚫어 보았던 걸까. 나는 선생님으로부터 착한 어린이 상으로 빵을 받았다. 나는 우리 동네 언니들이 그랬던 것처럼 상으로 받은 빵이 찌그러지지 않도록 조심히 들고 집에 돌아왔다. 누나가 갖고 온 빵을 본 나의 두 동생들은 예전의 나처럼 기뻐하며 단숨에 먹어 치웠다.

1학년 교실에서는 무료로 먹던 급식 빵은 2학년 교실로 옮기면서 빵 한 개에 5원씩을 내야 먹을 수 있는 유료 급식이 되었다. 급식 빵을 먹을 사람은 신청을 해야 했고, 한 달 치의 빵값을 내야 했다. 나는 아버지가 내 몫의 급식 빵을 신청해줄 것으로 생각했으나 아버지는 안 된다고 했다. 나는 급식 빵을 먹는 아이의 무리에 들지 못하고 그 아이들을 부러워했다. 한 번 안 된다고 한 것을 번복하는 일이 없는 아버지에게 급식 빵값 5원에 대해 두 번 다시 이야기하지 못했다.

선생님은 오후 수업이 있는 날은 급식 빵을 먹거나 도시락을 싸 오라고 했다. 어머니가 처음으로 내게 만들어준 도시락은 보리밥에 쌀을 몇 방울 섞은 반지기밥과 간장에 절여 거무스레하고 볼품없는 무장아찌가 반찬의 전부였다. 같은 반 남자애가 장난스럽게 다가오더니 무슨 반찬을 싸 왔느냐며 뚜껑을 벌컥 열어 버리는 바람에 얼굴이 화끈거렸다. 남자애들에게 도시락 반찬을 들키기 싫어서 다른 날에는 학교 관사 뒤편으로 가서 바닥에 쪼그리고 앉아 밥을 먹었다. 나와 함께 간 친구의 밥과 반찬도 내 도시락이나 다를 바가 없었다. 언니가 있는 애들이 달걀부침을 도시락에 덮어 오는 것을 보았다.

3학년이 되었을 때는 급식 빵값이 조금 더 올라 10원이 되었다. 2학년 때까지는 네모난 식빵이었지만 이번에는 어린이 손바닥 크기의 타원형 빵이 비닐에 두 개씩 포장되어 나왔다. 반 아이들 중에는 2학년 때처럼 급식빵을 신청해서 먹는 아이들이 있었지만 나는 또 여전히 아버지에게 빵을 먹고 싶다고 말을 하지 못했다. 빵 급식을 시켜 달라고 했다가 또 거절 당하는 게 싫어서 말을 하지 않았다.

3학년 때, 우리 반 아이 몇이 학교에 내야 할 육성회비를 안 냈다고 선생님에게 야단맞는 것을 보았다. 그중 우리 마을의 한 아이의 부모와 내 부모는 친목 모임을 같이 하는 사이였는데, 하루는 어머니가 그 아이가 참 착한 아이라고 칭찬했다. 그 아이의 어머니에 따르면, 자기 집 아들은 육성회비를 달라고 조르지 않는다는 것이다. 3학년 우리 교실에는 달마다 내는 육성회비를 제때 내지 못하는 아이가 대여섯 명이 있었다. 그 아이들은 선생님에게 호명되어 자리에서 일어났고, 큰 잘못을 저지른 아이처럼 취급되었다. 나는 어른들이 집에서 돈을 가져가지 않는 아이를 좋아하고 칭찬하고 있다는 것을 알게 되었다. 나는 다음 달 육성회비 봉투를 아버지에게 보여주지 않았다. 나도 그 아이처럼 선생님에게 호명되어 일어섰다. 아이들이 의아한 듯 나를 쳐다보았고 선생님은 고개를 갸우뚱했다.

내가 4학년이 되자 3년 터울인 남동생이 입학을 했다. 동생은 식탐이 많았고 아무리 많이 먹어도 살이 찌지 않고 뼈가 앙상한 아이였다. 동생이 학교에 입학하자 아버지는 동생에게 급식 빵을 신청해주었다. 남의 집 아이들이 빵을 먹을 때 조금만 달라며 구걸할 것 같아서 동생에게는 급식 빵을 신청했다고 아버지가 다른 사람들에게 말하는 것을 들었다. 그 말을 듣고 뭔가 모르는 것이 가슴에서 쿵 하고 내려앉았다. 남동생은 급식 빵을 받는 아이로 학교를 다녔고, 나는 급식으로 나오는 빵을 신청하지 못하고 국민학교를 마쳤다. 내가 6학년일 때 빵 가격은 두 개 들이 한 봉지에 35원이었다.

내가 학교에 다니던 때인 1970년대는 그 전보다는 나아지고 있었지만, 어느 집이나 가난했고, 물자가 부족한 세상이긴 했다. 그래서 나보다 예닐곱 살 위의 선배들 이야기를 들어보면 학교에서 강냉이 빵과 강냉이죽을 급식으로 먹었다고 했다. 내가 입학해서 1년 동안 무료 급식으로 먹었던 빵은 오븐에서 구운 것이었지만, 선배들이 먹은 것은 솥에서 쪄낸 빵이었다. 1학년 교실과 6학년 교실이 있는 학교 동쪽 편 울타리 옆에는 예전에 급식실이었다는 기와집이 있었다. 돌담 벽 위에 기와가 얹힌 집의 낡은 문틈으로 안을 들여다보면, 커다란 솥을 걸어놓았을 것 같은 시멘트 아궁이가 있었다. 강냉이죽과 강냉이 빵은 그곳 기와집에서 연기를 모락모락 내며 익었을 것이다. 하지만 내가 학교를 다니는 6년 동안 내내 이 건물은 창고일 뿐이었다.

그곳에는 겨울에 교무실에서 쓸 솔방울을 쌓아두었다. 가을이 되면 전교생은 하루 날을 잡아 솔방울을 모으러 학교 뒤 야산으로 나가야 했다. 학생들이 모아 온 솔방울은 교실이 아니라 교무실에만 있는 난로에서 활활 타며 겨울을 덥혔다. 교사들은 학생들이 머무는 교실에 난로가 없는 일에 대해서는 문제로 느끼지 않는 것 같았다. 솔방울을 따러 간 날, 한 선생은 비료 담던 부대에 솔방울을 가득 채우지 못한 고학년 남학생에게 게으름을 피웠다고 야단을 쳤다. 한꺼번에 소나무 밭에 풀어놓았으니 잽싸게 움직이지 않으면 부대를 채우지 못해서 어떤 남자 아이들은 소나무에 올라서 솔방울을 따기도 했다. 우르르 학생들이 몰려간 뒤를 걸어가는 내 눈에는 솔방울이 잘 띄지 않았다. 검사 시간이 되었을 때는 반도 못 채운 내 비닐 부대를 잡고 울었다. 선생님에게 야단맞을 게 두려웠기 때문이다. 우리 동네 언니가 내 옆으로 오더니 솔방울 몇 개를 덜어서 내 자루에 넣어주었다. 고작 나보다 두세 학년 위여서 그 자신도 아이에 불과했지만, 그때 나에게는 그 언니가 선생님보다 더 큰 어른처럼 느껴졌다. 그때는 안도감을 안겨준 솔방울 몇 개였지만, 그게 더할 나위 없는 지원이었다는 것을 크고 난 뒤 절실하게 느끼곤 했다. 곤경에 처한 누군가를 순식간에 돕는 일은 그리 쉬운 일이 아니라는 것을 크고 난 다음에 알게 되니까. 보상도 없이 내 것을 나눈다는 것이 어려운 일이었다는 것을 크고 난 다음에야 이해하게 되는 거니까.

크고 나서는 고마운 일이지만, 그때 골목 어귀에서 나에게 빵을 나누어준 언니를 기억하지 못한다. 나에게 솔방울을 덜어준 언니도 알지 못한다. 그들이 우리 동네에 살았으니까 내 친구 누구의 언니나 누나였겠지만, 내가 초등학교에 들어간 후에 마을의 언니들은 어디론가 떠났다. 어디로 갔던 것일까. 그때는 몰랐고, 지금은 조금 이해가 된다. 그녀들은 초등학교를 졸업하자마자 돈을 벌러 마을을 떠나는 딸이었다.

내가 1학년 때 학교 급사 일을 하면서 빵을 날라다 주던 영자 언니는 내가 6학년에 올라가던 해까지 학교 일을 하다가 그만두었다. 6학년 봄에 언니가 우리 반 친구 몇 명에게 작은 소리로 알려주었다. 섬을 떠나 육지 공장으로 가게 되었다며 웃으며 이야기하다가 눈물을 글썽였다. 그 모습을 마지막으로 한 번도 영자 언니를 보지 못했다.

중학교 진학률이 점점 높아지고는 있었지만, 1970년대에 국민학교를 졸업한 여자 아이들 중에 중학교 진학을 당연하게 받아들일 수 있는 사람은 몇이나 되었을까. 그 시대까지도 가난한 농가의 딸은 집안일은 당연히 여자가 해야 할 것이라 믿었고, 집

안을 위해서 돈이 들어갈 일은 하지 않으며, 아들에게 양보해야 할 것들이 많았다. 그래야 딸 노릇을 잘하는 것이었다. 딸들은 자식을 위해 희생하는 어머니와 같은 마음이 되어야 했다. 다른 형제들에게 기회와 자원을 양보하는 것을 너무 당연하게 여기던 시대였다. 그런 누이들 덕분에 혜택을 받는 쪽은 오빠나 남동생들이었지만, 지금에 와서 가족에게 희생한 누이들의 마음을 애달파 하는 사람은 몇이나 될까. 딸들에 비해 아들들이 누린 혜택이 당연한 것이 아니란 것, 딸에게 희생을 요구했다는 것을 깨닫는 어른은 그때나 지금이나 몇이나 있을까.

그 착한 언니들은 지금 어디서, 어떻게 살고 있을까. 여리고 선한 마음에 자기 것을 제대로 챙기지 못하고, 일생을 자꾸만 퍼주는 사람이 되어버린 건 아닐까. 중학교 진학을 포기하고 겨우 열몇 살밖에 안 된 어린 소녀의 몸으로 낯선 땅으로 떠나야 했던 언니들을 떠올리면, 안쓰럽고 가여운 생각이 든다. 당연하지 않은 일에 항의할 언어를 배우지 못해서, 집이나 학교에서 차별이 있다는 것을 느낌으로는 알아도 어쩔 수 없이 받아들일 수밖에 없었던 어린 여자아이들. 하지만, 나는 언니들이 나누어 준 그 빵 덕분에 학교에 입학하고 싶었던 때가 있었다고, 그 말을 꼭 전하고 싶다. 동생에게 빵을 주고 싶어 착한 어린이 역할을 연기했지만, 동생에게 빵을 가져다주는 마음은 언니들을 보고 따라 했던 거라고 말하고 싶다. 언니들이 집안을 위해 중학교 진학 대신 공장으로 갈 때의 마음이 어땠는지, 새삼 듣고 싶다. 어쩌면 언니들도 급식 빵값보다 내가 더 소중한 딸이라고 끝끝내 믿고 싶어서 빵을 받게 해달라고 조르지 않았던 것처럼, 말없이 집을 떠남으로써 집안에서의 차별을 그저 다 그런 거라고 받아들였던 걸까. 동생에게 줄 몫의 빵을 동네 아이에게 건넸을 때, 그 빵은 친절을 넘은 희생이었는데, 나는 50년이 훨씬 지나서야 그 친절한 여자의 이름조차 기억하지 못하고 있다는 걸 깨닫는다.

내가 이사온 집 이웃의 공동주택에는 담벼락을 따라 벚나무가 서 있다. 그 집보다 지대가 낮은 우리 집에서 보면 나무는 키가 더 크고 늠름해 보였고, 가지는 풍성했다. 벚꽃이 필 무렵이면 우리집 마당까지 환해졌다. 꽃잎 진 자리에 연두색 잎이 돋아나는 나무를 올려다보며 새로운 계절이 왔음을 실감하는 봄날이 좋았다. 나무에서 붉은 열매가 떨어지면서 여름의 그늘이 짙어졌다. 겨울이 되어 나뭇잎이 다 떨어져버린 후에는 가지 사이에 둥지를 튼 새의 집이 보였다.

해가 갈수록 가지를 뻗으며 품을 넓혀가던 나무는, 어느 날 느닷없이 베어졌다. 공동주택 입주자들의 민원 때문이었을까. 나무 아래 세워놓은 차에 새가 똥을 쌌다거나, 나뭇잎이 떨어져 청소하기 힘들다거나. 얼마나 가지를 쳐냈는지 나무는 제재소로 가기 전 통나무처럼 보였다. 두 팔을 들고 벌을 서는 아이 같은 나무에 새는 날아 오지 않았다. 둥지를 잃은 새들은 어디로 갔을까.

가지가 잘리고 새가 떠난 나무를 보면서, 핍박이 끊이지 않는 세상에 대해 생각했다. 조금만 마음을 쓰면 막을 수 있었을 노동자들의 억울한 죽음이나 끊이지 않는 전쟁이 그렇지 않은가. 그런데 그것은 멀리에 있지 않고 내 속에도 있었다.

오랫동안 나는 글을 쓰는 사람이 되고 싶다는 마음을 갖고 있으면서도, 그런 마음의 싹이 보일 때마다 싹둑 잘라내는 사람으로 살아왔다. 재능 없는 내가 가져서는 안 될 욕심이라고 마음을 막아 세우면, 글을 쓰지 못할 이유와 쓰지 않아도 될 이유는 날마다 늘어났다. 단단하고 차가운 내 판단에 져서 나는 매일 가지를 잘리는 나무가 된 것 같았다.

청년 전태일의 정신은 선한 세상을 지향하는 마음으로부터 시작되었고, 그 마음에 정성과 꾸준함이 모아졌기에 세상을 이만큼 바꾸어 낼 수 있었다. 수상 소식을 받아 들고 몹시 부끄러웠으나, 다른 한편 어둠 속에서 나를 부축해주는 빛을 본 것처럼 반갑고 고마웠다. 꿇었던 무릎을 펴고 일어서고 싶어졌다. 둥지를 잃어 나무를 떠난 새가 어딘가에서 새로운 집을 만들었을 것을 믿는다. 새봄이 되면 이웃의 나무에 새잎이 돋아날 것을 믿는다. 그러니 나는 이제 글을 쓰고자 하는 마음을 버리지 않고 꾸준히 보살필 수 있을 것이다.

김 미 정

제주에서 태어났다. 2006년부터 개인 블로그에 글을 써왔으며, 거기에 쓴 글을 모아 『숨은 우체통』라는 책을 펴냈다. 연구자들과 함께 신앙 체험자와의 경험을 인터뷰해 펴낸 공저 『숙명 전환의 선물』이 있으며, 『1964년 어느 종교 이야기』(조성윤)를 일본어로 옮겨 펴냈다.

김현수

우리 집 트랜스젠더

1

우리 집에는 트랜스젠더가 한 명 있다. 세상 평온한 듯 곤히 잘 자고, 맛있는 음식을 먹으면 기분이 좋아서 '음~' 하는 소리를 5초에 한 번쯤 낸다. 세상에 알고 싶은 것도, 하고 싶은 말도 많아서 수많은 책을 읽고, 수많은 글을 쓴다. 정말 웃기면 눈물을 줄줄 흘리고, 예전엔 웃긴 말을 가뭄에 콩 나듯이 한다고 '가콩이'라는 별명도 있었지만, 요즘은 꽤 드립력이 좋아졌다. 요리하는 걸 즐겨서 열심히 레시피를 찾아보고, 맛있는 요리를 친구에게 기꺼이 내주곤 행복해한다. 우리 집 트랜스젠더는, 아주 따뜻하고, 귀엽고, 다정한 사람이다.

그런데, 손가락 한 번만 움직이면 갈 수 있는 온라인 세상에서 이 트랜스젠더는 날 선 싸움꾼이 된다. 어떤 사람들은 타인이 평생에 걸쳐 스스로를 부정하고, 괴롭히고, 두려워하다 비로소 받아들이게 된 정체성이라는 무게를 이해하고 알아보려는 생각조차 없다. 그저 조롱하고, 비난하고, 가짜뉴스를 퍼 나르면서 트랜스젠더를 괴롭힌다. 한 번은 걱정이 돼서, 우리 집 트랜스젠더에게 그런 사람들이랑 꼭 싸울 필요가 있냐고 물은 적이 있다. 답은 이랬다. 다른 트랜스젠더들이 그런 혐오 표현을 내면화해 자기 자신을 의심하지 않았으면 좋겠다고. 그리고 그 싸움을 지켜보는 사람들에게도, 왜 그것이 잘못된 일인지 보여주고, 함께 싸울 근거를 만들어주고 싶다고.

우리가 집 밖으로 나가면 싸움꾼 바통은 내가 쥐게 된다. 우리 집 트랜스젠더는 대개 내 옆에서 '수상한 사람1'을 맡는다. 우리 스스로 그런 역할을 정한 적은 없다. 온몸이, 온 순간이 투쟁인 사람과 그를 사랑하는 사람은 그냥, 자연스럽게 그런 조합이 된다. 수상해 보이지 않기 위해 행동이나 말을 작게 하면 오히려 더 수상해 보이기 마련이다. 그 옆의 나는, 우리 집 트랜스젠더에게 눈치 주거나, 공격하려는 사람이 있을까 봐 언제든 누구와든 싸우려는 태세로 예민해져 있다.

트랜스젠더에게 화장실은 '해우소'가 아니라 오히려 근심을 얻는 곳이다. 성 중립 화장실은 바라지도 않는다. 성별 구분 없이 한 칸짜리 화장실이면 다행이다. 하지만 많은 경우, 화장실 가는 것을 포기하거나, 믿을 만한 친구와 함께 가거나, 스스로 '오늘의 겉보기 성별'을 점검한 뒤 더 안전할 것 같은 곳을 택해 들어간다. 과학 시간에 별에 '겉보기 등급'이 있다는 걸 배웠던 것 같은데, 성별도 별이긴 한가 봐, 하고 농담을 한다. 아무래도 내가 제일 슬펐던 농담은 "괜찮아. 나 잘 참아"였던 것 같다.

2

아주 오랜만에 우리 집 트랜스젠더와 같이 집회에 갔다. 나는 십 년을 시민 단체 활동가로 살다가 지쳐 그만두었고, 쉬고 싶은 마음에 당분간 집회는 정말 안 가야지, 다짐까지 했었다. 그런데 계엄이라니. 반년 만에 나는 다시 광장으로 향했다. 첫 주말 국회 앞 집회였다. 사람이 너무 많아서 한참을 걸어서야 집회 장소에 도착할 수 있었다. 집회 주최 측이 아니라 참가자로 간 나는, 수많은 사람 속을 지나며 마음이 복잡해졌다. '우리 편'이 이렇게나 많다니, 하고 감격스러웠다가, 근데 우리가 그렇게 열심히 활동할 때 다들 안 왔으면서, 하는 뾰족하지만 내보이기는 부끄러운 마음도 들었다. 그런데 내가 속으로 '우리 편' 운운하며 널을 뛰는 동안 내내 말이 없던 우리 집 트랜스젠더는 거기 모인

114

사람들이 무서웠다고 했다. 여기서도 나는 어떻게 보일까, 트랜스젠더가 여기 왜 왔냐고 하면 어떡하지, 하면서 말이다. 그 집회에서 우리에게는 아무 일도 일어나지 않았다. 하지만 '여기 네 자리는 없어'라는 감각은, 그냥 우리 집 트랜스젠더가 집 문밖으로 한 발짝만 나가면 모든 공간에서 느낄 수밖에 없는 공기 같은 거였다.

나는 이때 나에게 좀 놀랐다. 내 활동의 마지막 3년은 모두 윤석열과의 싸움이었다. 윤석열이 단 일곱 글자로 '여성가족부 폐지'를 공약하고 구조적 성차별을 부정하던 대선부터 3년을 내리 그 정부와 지겹도록 싸웠다. 하지만 그 집회에 모인 사람들이 모두 그 이유로 그를 반대하지는 않았을 것이다. 그런데 나는 왜 계엄 후 윤석열 탄핵 광장에 모였다는 이유로 이들을 '우리 편'이라고 칭했을까? 그러니까, 나에게 '동지됨'과 안전함의 기준은 생각보다 허들이 낮은 거였다. '그 정도만으로도' 동지가 될 수 있는 사람과 동지는커녕, 여기서조차 자신이 부정당하고 공격당할 수 있다는 감각의 사람이 함께 광장에 있었다. 어느 공간에 있어도 안전하지 않다는 감각, 이건 어떻게 해야 회복될 수 있는 걸까. 이 수많은 다양한 스펙트럼 위에서 우리는 광장을 어떻게 설계해야 할까.

다행히, 그리고 당연하게도 집회 주최 측은 집회 중 사회적 소수자에 대한 차별과 혐오를 방지하기 위해 여러 방침을 적용하고 적극적으로 애썼다. 그리고 성소수자들이 깃발과 응원봉을 들고 발언대에 서면서, 집회 분위기는 점점 더 다양한 소수자들이 자신의 존재를 드러낼 수 있는 공간이 되었다. 하지만 온라인에서는 또다시 트랜스 혐오자들이 광장의 자리에 트랜스젠더는 없다고 떠들어댔다. 심지어 집회에서 성소수자로 보이는 사람에게 가서 욕하고 발을 거는 사람들도 등장했다.

보다 못한 단체들이 광화문 집회에 '트랜스존'을 마련한다고 했다. '윤석열도 트랜스 혐오도 없는 사회로'라는 구호였다. 나는 트랜스존에 가야겠다고 생각했다. 우리 집 트랜스젠더도 걱정이었지만, 사실 다른 트랜스젠더들이 너무 걱정돼서였다. 혹시나 트랜스존에 사람이 몇 명 안 모여서 거기 모인 트랜스젠더들이 광장을 더 두렵게 느끼게 될까 봐 꼭 가야겠다고 생각했다. 우리 집 트랜스젠더도 같이 가겠다고 했다.

3

"한강진에 가봐야 할 것 같아. 지금 트랜스젠더가 중요한 게 아니야."

우리 집 트랜스젠더는 집회 당일 출발 직전에 저런 말을 했다. 뭐라고? 트랜스젠더가 안 중요하면 대체 뭐가 중요한데. 그때 한강진에서는 윤석열 체포를 요구하는 집회가 진행되고 있었는데,

상황이 좋지 않았다. 사람이 더 많이 모여야 했다. 그런데 트랜스젠더가 '지금 트랜스젠더가 중요한 게 아니'라고 하다니. 당사자가 그렇게 말하니 황당해서 순간 웃음이 터졌다. 그러니까, 이 트랜스젠더는 자신의 안전에 대한 두려움을 넘어, 어려운 싸움을 겪고 있는 사람들에게 가서 연대하겠다고 말하고 있었다. 결국 트랜스젠더보다 한강진의 싸움이 더 중요하다는 트랜스젠더와 함께 나는 한강진으로 향했다.

한강진역은 내가 근래에 본 공간들 중 가장 폭력적인 곳이었다. 국회 앞 집회에서 내가 말한 '우리 편'이 대체 뭐였는지는 나도 잘 모르겠지만, 한강진역에 '우리 편'은 확실히 없었다. 중국인 혐오를 쉼 없이 쏟아내며, 태극기와 성조기를 손에 들고 악을 쓰는 사람들을 보다 결국 나는 공황이 왔다. 끝나지 않는 한강진역의 계단을 오르면서 공황은 더 심해졌다. 숨이 잘 안 쉬어졌다. 눈치챈 우리 집 트랜스젠더가 팔을 잡아주고, 내 가방 안에 있던 몇 달간 처박아둔 비상약을 찾아줘서 먹었다. 간신히 역을 벗어나 집회 장수에 도착해서 어디가 이딘지도 모르는 상태로, 그냥 설 자리가 있어 보이는 곳으로 갔다. 멍하니 서 있는데, 갑자기 내가 있던 자리가 공간을 더 열어주지 않는 경찰과 싸우는 최전선이 되어버렸다. 아, 이렇게까지 싸우려던 건 아니었는데…….

나는 맨날 그랬다. 십 년 전쯤에, 노조 위원장을 잡겠다는 경찰을 막겠다고 친구들과 함께 경향신문사 앞에 갔었다. 가는 길에 우리 앞에서 깃발을 들고 가던 분이 "여기가 지름길"이라길래, 홀랑 따라갔더니 경찰이 눈앞에서 최루액을 쏘는 최전선이었다. 맨날 그런 식이었다. 별로 원한 적은 없는데, 그렇게 비장하지도 않았는데, 친구들을 따라가서 정신 차리고 보면 내가 서 있는 자리가 자꾸만 최전선이었다. 하지만 나는 투사가 아니었다. 우리 집 트랜스젠더를 지키고 싶은 마음으로 온 자리에서, 정작 나는 숨도 제대로 못 쉬는 사람이었다. 오히려 나를 꼭 붙잡아주고 있는 건, 내 옆의 트랜스젠더였다.

한참 딴생각에 빠졌다가, 내 첫 공황의 기억을 떠올렸다. 열세 살, 초등학교 6학년 어느 수업 시간이었다. 갑자기 숨쉬기가 어려웠다. 어떻게 해야 할지 몰라 교실에서 뛰쳐나가 물을 마셨다. 이런 일이 자꾸 반복되자 부모님은 나를 병원에 데려갔다. 심장 검사를 한다고 몇 주간 어떤 기계를 가슴에 달았다. 결과는 '정상'이었다. 성장기 어린이라서 심장이 크느라 그럴 수 있다는 이야기를 들었다. 내가 공황장애라는 제대로 된 진단명을 받기까지는 그로부터 십 년이 넘는 시간이 걸렸다.

이런저런 옛날 생각이 끝날 때쯤, 약효가 돌기 시작했다. 연대하겠다고 온 그 한강진에서도 우리 집 트랜스젠더는 구호를 외치지 못하고 있었다. 목소리 때문에 혹여나 사람들이 공격할 수도 있다는 가능성을 완전히 배제하긴 어려웠기 때문이다. 하지만 그는 그 자리에 계속 버티고 서 있었다. 정신을 차리고 주변을 돌아보니, 엉망진창이었다. 사람들이 들으라는 듯이 민주주의가 어쩌고, 정치가 어쩌고, 하며 큰 소리로 말하는 아저씨. 경찰에게 과하게 시비 거는 아주머니. 자기가 3일 밤을 새웠다고 얼마나 힘든 줄 아냐며 화를 내는 경찰. 그 옆에 신나게 깃발을 흔들고 노래하는 젊은 사람들. 그리고 아무 말도 못 하고 있는 내 옆의 트랜스젠더와 정신이 반쯤 나간 나. 아, 이게 광장이었지. 아니, 이게 세상이었지. 잠깐 잊고 있었다. 하나인 듯 보이지만 가까이서 보면 오합지졸이다. 오합지졸끼리 모여서는, 끝없이 싸우고 때로는 으샤으샤하면서 세상을 바꿔왔다. 그렇게 최전선에 서서 내가 우물쭈물하는 사이, 경찰은 결국 길을 열었다. 길을 여는 건 오합지졸들이었다.

4월 4일, 드디어 헌법재판소가 윤석열을 파면한 날, 우리는 또 광장에 있었다. 국회 앞 첫 집회와 비교하면, 너무 많은 일이 있었다. 광장도 우리도 많이 달라져 있었다. 우리 집 트랜스젠더는 평소 찍지도 않던 영상을 열심히 찍고 있었다. 광장에서 두려워하기보다 설레고 감격스러워하는 그 모습이 귀여워서, 그날은 종일 "오~ 광장의 트랜스젠더~" 하고 불렀다. 여기 모인 수많은 사람들과 우리는 앞으로 또 다투고 토론하겠지만, '사는 게 다 그렇지' 하면서, 가족 외식은 역시 중국집이라며 중식을 먹으러 갔다.

4

우리가 서로 사랑하는 게 맞기는 한데, 연인은 아니다. 그런 류의 사랑이 아니기 때문이다. 그렇다고 가족이라고 하기에는 너무 많은 것을 설명해야 하니까, 다른 사람들에게 설명할 때 가장 편한 단어는 '친구'다. 그런데 우리 집 트랜스젠더가 한 번 크게 아프고 응급실에 가고 입원했던 뒤로, 나는 친구라는 것이 우리의 관계나 권리를 지켜줄 수 있을지 심각하게 고민하게 됐다.

우리 집 트랜스젠더는 혼자가 익숙했고, 살면서 늘 혼자일 거라고 생각했다고 한다. 트랜스젠더로 정체화하면서는 자신에게 아주 가까운 사람이 생기기는 어려울 거라고도 생각했단다. 그래서 무슨 일이 생기면 주변에 도움을 청하거나, 일상에서 겪은 서러운 이야기를 타인과 잘 나누려고 하지도 않는다. 그런데 최근에, 서로 떨어져 있는 새벽에 전화해서 배가 아프다고 나를 깨우거나, 자주 오지도 않는 버스를 여러 번 놓친 게 서러워서 나에게 전화했을 때, 본인에게는 심각했겠지만 나는 어쩐지 다행이라는 생각이 들었다. 고통을 나누고, 도움을 청하는 모습이 이제 스스로를 혼자라고 생각하지 않는 것 같아서 안심이 됐다.

실제 나이는 서른다섯쯤 됐을 텐데, 나는 상관하지 않고 애의 나이를 아무렇게나 부른다. 어느 날은 "너 벌써 마흔다섯 살인데 그렇게 행동하면 어떡하냐"고, 또 어느 날은 "환갑이 넘었는데 정신 좀 차릴 때도 되지 않았냐"고 장난을 친다. 네가 정말 오래 오래 살았으면 좋겠어서 그렇다. 몇 년 사이 너무 많은 트랜스젠더를 잃었다. 혈연가족의 반대로 장례식이 없이 추모식만 있었던 누군가를 보내고 온 다른 친구는, 우리 집 트랜스젠더가 마흔 살이 되면 불혹 파티를 해주자고 했다. 네가 정말 정말 오래오래 살아서, 꾸역꾸역 죽지 않고 버텨서 너의 마흔 살도, 오십 살도, 육십 살도, 그 이후도 우리가 축하해주고 싶다. 꼭 최장수 트랜스젠더가 되어서 나보다 오래 살았으면 좋겠다. 꼭 그랬으면 좋겠다.

김현수

마늘오렌지

아빠에게.

10주기를 챙기려고는 생각했는데. 엄마가 아빠한테 가자고
해서 기차 시간을 알아보다가, 오랜만에 십 년 치 고통이 몰려와
울어버렸네. 요즘 운동해서 근육도 좀 만들고 있었는데, 샐러드
랑 울음을 같이 꾸역꾸역 삼키면, 울면서 달걀을 먹으면 근손실
안 오는 거 맞겠지? 에휴. 그때랑 비슷한 계절이 오고 있다는 걸,
사실은 알고 있었지.

겨울이 가고 봄이 올 때, 나는 흙냄새 같은 게 있어. 그 냄새를
맡으면, 나는 이제 또 그날이 오겠구나 하고 마음의 준비를 해.

장지 떠나는 길에 그 냄새를 맡으면서 나는 봄이 되고 꽃이 필 때마다 사무치겠구나 했는데, 아빠를 떠나보내고 벌써 열 번의 해가 지났어. 아직도 이유를 모르는 그 선택의 날, 여전히 이해되지 않는 것들 투성이인 그날, 믿을 수 없이 충격적이고 끔찍하기만 했던 그날을 '주기'라는 이름으로 기념 따위나 하고 있다니. 아빠 근데, 그 사이에 기후위기가 심각해져서 꽃이 제철을 모르고 핀다. 세월호 이후에도 참사는 끊이질 않았어. 아빠가 뽑았고, 아마도 뽑았을 대통령은 둘이나 탄핵으로 날아갔어. 세상은 좋아지기도, 나빠지기도 했어. 그리고 나는 인생의 3분의 1을 아빠 없이 산 삼십 대가 됐어.

누가 내 손금을 봐준다고 하면 제일 먼저 묻는 건 "저 명줄 짧죠?"였는데, 제대로 답해주는 사람은 없더라. 내 명줄이 어떤지는 모르겠지만, 몇 번의 죽을 고비를 넘기고 어찌저찌 살아내고 있어. 이제는 죽음이나 죄책감, 아빠가 떠난 이유 같은 것에 골몰하지 않아. 근데 아직도 '사실은 아빠가 살아 있었다'라는 내용의 꿈을 꾸기는 해. 감당하기 어려운 불안과 슬픔도 종종 찾아와. 나는 예순 살이 된 아빠를 못 봤잖아. 그래서 아빠 정도 나이가 된 아저씨들을 마주치면 몰래 이리저리 살펴보게 돼. 60대인 아빠는 걸음걸이가 이랬겠지, 목소리는 이랬겠지, 얼굴의 주름은 이정도 되었겠지 하면서. 아빠가 살아 있었다면 아직 일을 하고 있겠지? 아빠는 평생 쉰 적이 없는 성실한 일꾼이었잖아. 평생을 성실했고, 가난했던 사람.

나는 그걸 못 견디는 거 같아. 열심히, 열심히, 살아보려던 사람이 죽은 거. 사람이 잘 살아보려다가 죽은 거. 아빠가 가고, 나는 살아보려다 죽은 사람들을 자꾸자꾸 생각하게 됐어. 빵을 만들다가 사람이 죽고, 콜센터에서 일하다가 사람이 죽고, 이미 여러 명이 죽어가던 일터에서 사람이 또 죽고, 일을 배우러 나간 어린 실습생이 죽고, 트랜스젠더 군인이 부당한 해고에 맞서 싸우다 죽었어. 그 죽음, 죽음마다 나는 좀 고통스러워서 오랫동안 멈춰 서 있었어.

작년 겨울에, 유독 추운 밤이었는데 아마 몸살이 심하게 왔던 거 같아. 좀 늦은 퇴근을 하고 집으로 가는데, 열이 오르고 으슬으슬 추워서 '죽을 것처럼' 온몸이 너무 아프더라고. 그러나 엉뚱하게, 내가 오늘 이대로 죽는다면 세상에 뭘 남기고 싶은지로 생각이 흘러갔어. '다정함'. 왜 그 아픈 와중에 그 단어가 떠올랐는지는 모르겠어. 그래, 세상에 다정함 하나는 남기고 가고 싶다. 근데, 그때 갑자기 분향소가 눈에 들어왔어.

내가 살던 동네에는 화상만 전문으로 하는 응급실이 있었어. 그러니까 사람들이 거기에 갈 땐 심한 화상을 입을 정도로 아주 큰 사고가 났거나, 분신했을 때야. 병원 바로 옆에 분향소가 설치돼 있었고, 고인의 동료로 보이는 노조원 한 분이 분향소를 지키고 계셨어. 택시 노동자였고, 사측의 부당 행위에 맞서 싸우고,

택시 완전 월급제 시행을 요구하다 떠나신 방영환 열사의 이름을 그때 알게 됐어. 불쑥 분향소에 들어가 쭈뼛대며 동료 분과 인사를 나누고, 향을 피우고 열사의 명복을 빌었어. 눈을 감고 기도를 하는데, 이름도 얼굴도 모르는 열사 주변의 남은 사람들에게 자꾸 마음이 쓰였어. 10월에 돌아가신 분의 장례를 그 추운 날까지도 치르지 못하고, 열사가 하던 싸움을 이어 나가야 했던 남은 사람들의 마음이 어땠을지. 분향소를 빠져나오는데, 아무래도 추운 날 혼자 거기 계신 동료 분이 너무 신경 쓰여서 다시 가서 따뜻한 음료를 드리고 왔어. 너무 추웠던 그 밤에 거기 혼자 있었다고 기억하지는 않으시길 바랐어. 아빠한텐 이 얘기가 어떻게 들려? 아빠는 노조가 정말 필요한 사람이었는데, 오히려 노조를 싫어했잖아. 불편하겠지만 좀 더 들어봐. 반박은 꿈에서 받을게.

아빠, 나랑 세월호 얘기하다가 크게 다퉜던 거 기억해? 유가족이 농성하는 거 보고 아빠가 뭘 저렇게까지 하냐고 했지, 내가 세월호에 타고 있었어도 아빠 그렇게 말할 수 있냐고 따져 물으니까, 씩씩거리면서 내가 저런 일 겪었으면 아빠는 더 했을 거라고 했잖아. 이 앞뒤가 맞지 않는 사랑, 사랑하는 사람들을 위해서 물불 가리지 않고 싸우는 거, 네 편이 여기 있다고 옆에서 버티고 있어주는 거. 그게 내가 20년쯤 지켜본 아빠라는 사람의 사랑이었고, 그러니까 이런 내 오지랖이 다정함이라면, 이건 다 아빠한테서 배운 거야. 나는 그래서 활동가가 된 거야. 사람들이 혼자라고 느끼지 않게 하려고.

근데 그런 나한테도 아빠의 죽음은 좀 셌다. 내가 활동가로 살면서 배운 건, 개별적으로 보이지만 사실은 엮여 있는 경험을 드러내고 연대를 모아내는 거였는데, 정작 나는 자살사별의 경험을 누군가와 나눌 수 있다는 생각을 전혀 못 했어. 자살사별자가 세상에 많기야 하겠지만, 내가 겪은 거랑은 전혀 다른 사건들일 거라고 생각했어. 그리고 내가 스스로 자살사별자임을 드러내면 아빠의 죽음에 책임이 있다고 대놓고 손가락질 당할까봐 두려웠어. 이미 나는 "너는 뭘 잘했냐" 소릴 들어봤고, 어려울 때 아빠가 도와줬던 사람들이 정작 흉한 죽음이라고 장례식에 오지 않는 걸 봤고, 호상도 아닌데 2일장만 하라는 사람들이랑 싸워서 3일장을 지켜내봤으니까.

그렇게 살다가 자살사별자 모임이 있다는 걸 알게 됐어. '7'은 아무래도 '러키세븐'이라고 생각하는 편인데, 아빠가 가고 7년이 되던 해에 처음 모임에 가게 됐어. 럭키하지? 근데 거기에 가서 말을 할 때마다 나는 숨을 잘 못 쉬었어. 끝나고 집에 가서는 두통에 몸살에, 며칠을 앓았어. 그래도 꾸준히 가다가, 가족과 자살로 사별한 지 20년이 되었다는 분을 만났어. 이십 년. 한 회사에서 그만큼 다니는 것도 대단한 걸로 쳐주잖아. 근데 그 숫자에 숨이 턱 막히면서도, 한편으로는 안도했던 거 같아. 나도 살아갈 수 있겠구나, 살아가도 되겠구나, 나에게도 10년 뒤, 20년 뒤가 있겠구나 하면서. 그래서 꾸역꾸역, 힘들고 아픈데도 사별자 모임에 가서 이런저런 얘기를 나눴었어. 나도 다른 사별자들에게 살아 있는 좋은 선례가 되어야 할 것 같아서. 내가 뭐라도 더 나누고 위로하면 다들 나보다 좀 덜 힘들 수 있을까 싶어서.

그러고선 자살사별자 이야기로 영화도 만들었잖아. 영화는 더 많은 사람들이 볼 수 있으니까, 영화를 통해 남은 사람들을 위로하고 그 삶을 응원하고 싶었어. 친구들과 동료들이 정말 많이 도와줬어. 분명 영화 작업인데, 두 번째로 아빠의 장례식을 치르는 거 같기도 하고 그랬어. 만들 땐 영화에 대해 아무 것도 몰라서 너무 힘들었는데, 관객들을 만나는 게 정말 좋았어. 사람들이 많이 웃고 울더라. 딱 한 분, 관객 중에 나한테 사인을 받고 싶다고 하는 분이 계셨는데, "예? 제 사인을 왜……" 하면서 카드 결제할 때 하는 사인 있잖아. 그걸로 해드렸거든. 나중에 친구가, 그거는 개인정보니까 사람들한테 사인 해줄 때는 다른 사인을 만들어서 해야 한다고 하더라고……. 몰랐지 뭐야. 아, 그리고 엔딩크레딧에 아빠도 넣은 거 알지? '땡스 투'로 넣었다가 아빠가 죽은 덕분이라고 고맙다고 하는 사람으로 오해받을까 봐 '노 땡스 투'로 따로 넣을까 심각하게 고민했다구. 근데 그냥 땡스 투로 넣었어. 오해는 하지 말아 줘.

사실 영화 작업이 끝나면, 내가 이제 덜 울고, 한 단계 나아갈 수 있을 거라고 생각했었다? 근데 여전해. 얼마 전에 아빠 3주기 즈음에 썼던 일기를 봤는데, 아빠 꿈을 꿨었나 봐. 아빠의 마지막이었던 바로 그 시골집에서 아빠가 다치고 아픈 동물들을 먹이고 돌보고 있었는데, 평온해 보였대. 아빠답다, 평온해서 다행이다 하면서 나도 이제 평온해지겠다고 썼던데, 내가 그 약속을 지키고 있는 건지는 잘 모르겠네. 이렇게 10주기를 핑계로 또 아빠한테 긴긴 편지를 쓰고 있잖아. 물론, 뭐라도 좀 더 나아졌겠지. 이제는 그냥, 이 애도는 내가 평생에 걸쳐 가져가야 한다는 걸 받아들이기로 했어. 힘들고, 버겁고, 앞으로도 쉽진 않겠지만.

어느 날은 아침에 일어나자마자 눈물이 안 멈췄는데, 어렸을 때 엄마 아빠랑 정동진에 놀러 갔던 게 생각나서 갑자기 기차를 타고 정동진 바닷가에 갔어. 옛날에는 한참 걸려 갔었는데, 이제는 서울역에서 KTX로 금방 갈 수 있더라. 옛날엔 그 동네가 엄청 커 보였는데, 지금 보니까 나 같은 길치도 혼자 잘 걸어 다닐 수 있을 정도로 작은 동네더라고. 운 좋게 당일에 숙소를 잡고, 사장님이랑 이런저런 얘기를 나눴는데, 그날 내가 많이 운 게 티가 났는지, 사진도 찍어주시고, 맛있는 밥도 챙겨주시며 정말 따뜻하게 환대받았어. 마음이 다 무너져서 도망쳤던 그날의 환대를 잊지 못해서 요즘도 종종 정동진에 가.

마늘오렌지, 기억 나? 나 고3 때 학교로 주말 자습 나갈 때, 아빠가 친구들이랑 같이 먹으라면서 오렌지 잔뜩 까서는 항상 다

진 마늘 담았던 락앤락 통에다 싸줬잖아. 오렌지에서 마늘 맛이
나서 친구들이랑 그거 먹으면서 '마늘오렌지'라고 불렀었는데.
다른 통도 많았는데, 왜 항상 그 통에다 싸줬던 거야? 십 년이 훌
쩍 넘었는데도 아직도 그 어이없는 맛과 향은 안 잊혀. 나는 지
금도 오렌지를 참 좋아해. 요즘 물가가 아빠는 상상도 할 수 없
을 정도로 올랐는데, 과일 중에는 오렌지가 그나마 싸. 그래서 냉
장고에 좀 쟁여두고 먹고 있어. 근데 얼마 전에, 오렌지를 손으
로 막 까다가, 옛날에 아빠가 껍질에 칼집 몇 번 내고서 까면 금
방 깔 수 있다고 했던 게 갑자기 생각이 나더라. 사실 그렇게 칼
집까지 내야 하나, 귀찮다 싶어서 그동안 그렇게 안 하고 껍질을
쥐어뜯기만 했단 말야. 근데 아빠 말대로 해봤더니, 진짜 금방 까
지는 거야.

그러니까, 그렇게 10년이 가고서 나는, 아빠가 가르쳐준 대로
오렌지를 쉽게 깔 수 있는 사람이 됐어. 아픈 죽음들을 마음에 새
기고 기억하는 사람이 됐고. 그 죽음 뒤에 남은 사람들을 살피고
돌보는 사람이 됐어. 그 복잡하고 괴로운 죽음의 끝에서 생을 나
누는 새로운 친구들도 만났고, 배웠어.

근데 있지, 그래도 아빠.

나는 내가 지난 십 년간 얻은 것들을 다 잃고서 덜 나은 사람
이 된다고 해도, 다시 그 전날로 돌아가면 기차 타고 아빠가 있
던 시골집에 갈 거야. 가서, 아빠랑 끝내주게 맛있는 안주에 술

담배 하면서, 쓰잘데없는 얘기로 깔깔 웃다가, 정치 얘기하면서
싸우다가, 드러누워 별을 보고, 노래를 부르고, 끝내주게 즐겁고
행복한 밤을 보낼 거야.

그리고 다음 날 아빠를 데리고 집에 올래. 그럴래.

여전히 미안해. 잘 지내. 안녕.

삶에서 가장 오랜 시간을 보낸 곳은 시골 마을입니다. 길치지만, 길이 두 갈래뿐이어서 그 정도 모험은 할 수 있었던 때처럼, 지금도 바람과 별을 따라 걷길 좋아합니다.

기억하고 싶은 이름들을 적으며 폐가 될까 두려웠습니다. 이제는 힘주어 부르고 기록하는 사람이 되겠습니다. 꾸준히 공부하며 그 정도의 책임은 지는 사람이 되겠습니다.

내가 만드는 건 다 나쁘고 쓸모없다고 주장하는 내게, 이 글을 끝마치라고 해준 우리 집 트랜스젠더에게 특별한 감사를 전합니다. 그리고 'No Thanks to' 아빠. 세상의 모든 '전태일'과 '우리 집 트랜스젠더'가 죽지 않고 행복하길 바랍니다. 이들을 살리기 위해 애쓰고, 또 애쓰는 세상이길 바랍니다.

전태일문학상 가작 _____ **우리 집 트랜스젠더 외 1편**

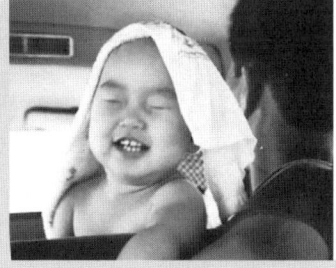

김 현 수

윤경림

사랑하지 아니할 수,
아니할 수, 아니할 수

나는 옹송그리고 크게 웃었다
관절이 녹아
어깨가 펴지지 않았다
(…)
어느 곤봉이 제일 먼저
우리의 머리를 내려칠까?

―자작시, 「남태령」에서

미리 말해둘 게 있어. 나는 상상 이상이야. 항상 부정적인 쪽
으로는 상상을 초월하지. 나는 끔찍한 겁쟁이고, 기회주의자고,

나약하고 아픈 걸 싫어해. 사실 피곤해지고 싶지 않아서, 각각의 시간의 기분을 망치고 싶지 않아서 쉽게 소식과 뉴스를 피해 눈을 돌려. '민감한' 주제의 얘기로 잘 알지 못하는 사람들과 대화하는 걸 싫어하고, 이따금은 일상 속 내게 대뜸 커다란 이야기를 들이미는 사람들을 미워하기도 해. 내가 해내지 못한 일, 결코 해내지 못할, 가지지 못할 용기를 세상에 드러내는 사람들을 속으로 헐뜯고 지나갈 때도 있어. 나도 할 수 있어, 저건 별거 아니야, 저게 뭐라고, 하는 생각들로 다가갈 수조차 없도록 빛나는 사람들로부터 도망치곤 해. 그 사람들의 목소리가 들릴 때마다, 그 사람들과 내가 얼결에 같은 길을 걷는 시간을, 그 상황과 순간을 느낄 때마다 나는 수백 갈래로 쪼개져서 사방팔방으로 미움을 쏘고, 혼자 맞고, 또 웅크리고, 추하게 굴속으로 머리를 숨기는 거야. 내 동력은 열등감과 자기혐오였어. 못나도 한참 못난 자린고비 같은 꼴이라고도 볼 수 있어. 멀리, 목소리를 내는 사람들을 바라보면서 내 안의 증기기관은 불이 붙고, 나 자신을 태우고, 증발시키고 엔진이 돌아가는 거야. 그렇게라도 움직이면 내가 그들 같은 뭔가가 될 것 같았나? 옳은 방향이 아니라는 걸 알면서도, 그렇게 움직이기라도 하는 것 자체에 의미가 있다고 생각했나?

뭐든, 요는 내가 상상 이상이라는 거야. 좋아하는―질투하는 사람들만 바라보고 살면서, 싫어하는 사람들은 기를 쓰고 외면하며 마주치지 않으려 하면서 정작 싫어하는 사람들과 똑같은 모습으로 살아온 거거든. 그렇게 나는 닮아가고 있었어. 이미 꽤 닮아버렸었어. 나는 내가 번지르르한 말들과 의견, 뉴스, 토론, '있어 보이는' 것들은 얼마든지 내세울 수 있으면서도 정말 진정으로, 진심으로 그러한 세상에 참여하진 못할 거라 생각했어.

왜냐하면, 목소리를 낸다는 건 누군가 나를 미워하게 될 가능성이 생긴다는 뜻이기도 하잖아. 맞아. 나는 애정결핍이야. 나는 지독한 회피형이고, 누군가와 당당하게 맞서서 쿵, 쿵, 나의 심장 속에서 튀어나오는 이야기를 솔직하게 제시할 수 있는 사람이 못 돼. '멋진' 사람들이 겪고 극복해냈던 고초들. 블랙리스트, 생활고, 홀대, 그들이 지나왔기에 그들의 힘을, 단단함을, 의지를 드러낼 수 있게 된 과거의 시간들을 보고 들으며 감탄하면서도 나 자신은 어떻게든 그런 걸 피하고 싶었어. 사소한 의견 갈등도 무서워하는 사람한테 뭘 바라? 공적인 낙인과 고초, 활동의 '대가'로 여겨지는 고생들은 정말 내가 두려워하는 허깨비 중 하나였어. 그래서 나는 항상 입을 다물고, 눈치를 보고 웬만하면 그 돌부리를 피하려고 안간힘을 쓰며 살았지. 사회의 모난 돌, 짱돌이 되고 싶지 않았어. 닳고 닳을 때까지 누가 나를 밟고 차면 어떡해. 나는 돈도 빽도, 힘도 의지도 없는 '시민1'일 뿐인데. 아무것도 되지 못하고 되지 못할, 아무것도 아닌 사람인데. 말 한 번 '잘못'했다가 사소한 불이익만 얻게 되어도 내 인생 전체가 흔들릴 수 있는 나부랭이였단 말이야. 작게는 나약한 마음에 깊게 남을 상처부터, 크게는 사회적인 불이익까지. 그래서 다짐한 거였어.

내 의견을 최대한 세상으로부터 숨기고 살되, 개인적인 의지나 마음의 보안이 지켜질 수 있는 활동만 조금씩 하고 말자. 그것도 세상의 변화에 기여할 수는 있잖아. 그거면 충분해. 다행히도 나는 온라인으로 의견을 내거나, 동의하거나 반대할 수 있는 시스템이 마련된 시대에 살고 있었고, 그러한 환경들은 내 갈급한 자존심을 채우기에 충분했어.

그 밤이 오기 전까지는 말이야.

시위? 나갔어. 시국선언? 했어.

웃긴 건, 그 겨우내 모든 행동들이 정말 순수한 분노와 공포에서 비롯된 게 아니었다는 거야. 나는 그때도 열등감으로 움직이고 있었어!

새벽에 곧장 여의도로 달려간 사람들, 몸으로 군용 차량을 막아서고, 보초를 서고, 밤을 새우고, 외치고, 선언하고, 규탄하고. 나는 내가 절대 그럴 수 없는 인간이라는 걸 알고 있었어. 지금, 그 겨울을 지난 미래를 확실하게 아는 채, 그때로 돌아간다고 해도 그러지 못할 거야. '만에 하나'라는 생각만으로도 나는 이불 속에 숨을 거야. 손가락만 움직여서 뉴스를 보고, 무언가를 공유하거나 '좋아요'를 누르고 핸드폰을 덮을 거야. 죽음. 나는 코로

나 때보다도 더 공격적이고 직접적인, 실질적이고 실재적인 죽음을 느꼈어. 코로나19에 걸려서 앓아누웠었는데도, 누구도 죽지 않은 그 시간들이 더 내 눈앞에 닥쳐온 죽음처럼 느껴졌어. 그래서 내 안의 증기기관이 더 열을 뿜기 시작했지. 대체 어떻게? 나는 죽었다 깨어나도 하지 못할 선택을, 행동을 저 사람들은 어떻게 해내고 있는 거지? 죽음을 불사한다는 말, '그럼에도 불구하고'라는 말, '앞서서 나가니 산 자여 따르라'라는 노래를 따라 부르는 것. 어떻게 그 이상 속으로 직접 참여하고 끼어들 수 있는 거지? 정말 무엇들이 그들의 증기기관에 들어 있길래, 무엇을 연소하고 무엇으로 엔진을 움직이길래 저렇게 거침없이 나갈 수가 있는 걸까? 나는 그게 궁금해서 그 행렬에 끼어들었어. 물론 와중에도 최대한 안전할 수 있는 시간, 위치를 골라서 나갔어. 그때 내 안에선 열등감과 수치심이라는 엔진 실린더가, '아니? 나도 할 수 있어.'와 '언젠가 이 시기를 되돌아봤을 때 후회하기 싫어.' 같은 생각들로 들쑥날쑥, 나와 우리 모두의 권리, 삶을 위협당했다는 생각은 온데간데없이, 위는커녕 발치도 제대로 살피지 못하는 가자미눈으로 더듬더듬. 그렇게 움직였어. 구호를 외치고, 행진을 하고, 노래를 부르고. 불안이 속삭이는 멍청한 자조 속에서 그렇게 겨울을 보냈어. 그렇다 보니 마음속 모난 돌들이 달그락달그락 부딪혀서 아주 조금 다듬어지기도 했지. 내가 겨울 시위 속에서 발견했던 건 함께 녹아서 뭉쳐진 무언가였거든.

내 것도 조금 떼서 보태기도 하고, 더 잘 뭉쳐져 구를 수 있도록 힘쓰고 싶다는 마음도 들고. 그렇게 궁금해했던 남들의 다양한 동력에 대한 힌트도 얻어서, 그들이 연료로 쓰는 감정들, 시간들, 마음과 사연들을 조금씩 동냥해 알고 내 마음속 열등감에게 이따금 수면제도 먹일 수가 있었어. 그래도 여전히, 나는 그럴 수 없는 인간이라는 생각을 하고 있었지만.

겨울의 결론은 '원래 대단한 사람들이라 그랬나 보지.'하는 얇은 생각으로 끝이 났어. 그 시위 속 사람들은 정말 강하고 다정하고, 두려울 게 없어 보여서 그랬어. 시위용 무대를 세팅하는 사람들을 볼 때, 부스에서 담소를 나누며 간식을 나눠주는 사람들의 눈을 볼 때, 안국역 부근을 쭉 행진하며 다 같이 '다시 만난 세계'를 부를 때, 모두는 정말 대단해 보였어. 정의감과 순수한 분노를 연소시켜서, 용기와 힘을 배출하며 움직이는 기관차 같다는 생각이 들었어. 봄이 찾아오고, 무언가들이 진행되면서 그런 생각들은 더 여물어갔지. 그렇게 끝날 줄 알았어. 연대의 힘! 연대는 힘이 세다! 함께라면 두려워할 게 없다. 우리는 함께해야 한다!

그리고 3월 25일이 왔지.

남태령에서 동지를 지냈던 사람들이 다시 남태령으로 모이게 된 날이었어.

나는 남태령에 갈 생각이 없었어. 시간이 이미 저녁이었고, 날이 여전히 추웠고 피곤했으니까. 무엇보다도 난 SNS에 빠르게 퍼진 소식들, '경찰들 분위기가 심상치 않다'는 걸 이미 본 사람이었어. 머리가 굴러갔어.

'갈 사람들이 어차피 갈 텐데, 이 늦은 시간에 내가 간다고 뭐가 변하겠어?'

그 겨울을 보내고도 다시 이런 생각으로 돌아온 거야. 내가 다 듣고, 변화하고 나아졌다고 생각했던 마음들이 다 가짜였던 거지. 나는 또 침대에 누워서 손가락만 움직이며 뉴스를 보고 있었어. 같이 저녁을 먹을 생각으로 전화를 건 친구가 남태령에 있다는 걸 전해 듣고, 또 증기기관이 칙칙폭폭 시동을 걸고 있었어. 그래도 계속, 계속, 위험할 수 있으니까, 반대 세력도 많이 몰렸다고 하니까, 위협도 받고 있다니까, 경찰들이 압박하고 있다니까, 하는 생각으로 김이 올라오는 굴뚝을 막으려 하고 있었어. 두려움이 계속 열등감에게 물을 뿌렸고, 열등감은 잔불로 머물다가 다시 화르륵 올라오는 식이었어. 난 그러다 게시글을 하나 발견했어. 막 올라온 글이었어. 따끈따끈하게.

'윤석열 파면을 촉구하는 작가들의 한 줄 성명'

열등감이 이겼어.

열등감이 배에 캥거루처럼 품고 있는 욕심이라는 친구가 번쩍 고개를 들었거든. 모체를 떨쳐내고 엔진의 다음 불꽃이 되고 싶다고 이야기하는 욕심, 더 나은 사람이 되고 싶다는 욕심, 닮고 싶다는 욕심, 따라 하고 싶다는 욕심, 따르고 싶다는 욕심.

그 앞에서 두려움은 거의 증발했고, 나는 남태령으로 가는 버스에 탔어.

내 손 안에는 따뜻해진 배지가 있었어. 나는 버스에 타고도 한참 동안 고민을 했어. 이걸 달아도 될까? 이거 하나가 트리거가 돼서 또 피곤한 일이 생기는 건 아닐까? 안전할 수 있을까? 내 가방 위로 삐져나온 경광등을 보고, 가는 길에서부터 시비가 붙는다면 나는 대체 뭘 어떻게 해야 할까? 아, 역시 괜히 나왔나?

노란색 리본이 그려진 철 배지는 딱 손아귀만큼 따뜻해진 온도로 결국 내 가방 맨 앞에 달렸어. 남태령에 먼저 가 있던 친구가 계속 연락을 해왔어. SNS에서 말하는 것처럼, 분위기가 좋지 않고 조금 무섭다는 이야기가 이어졌어. 사실 나는 그런 '무서운' 시위 현장에 가본 적이 없었어. 탄핵 시위는 주말마다 많은 인파와 함께 넓은 광장에서, 다 같이 모여 외치는 거였으니까. 자잘한 마찰은 있었어도 주변의 무언가가, 누군가가 적극적인 공격을 해오진 않는 공간이었으니까.

히지만 그닐 친구가 이야기하는 그 현장은 정말 달랐어. 탄핵 촉구의 의사도 포함한 시위였지만 무엇보다 양곡법을 반대하는 농민들의 외침이 제 일인 상황이었잖아. 그 트랙터 행진을 못마땅하게 여기는 서울은 물론, 그 지시를 받는 경찰, 시위를 중계

하러 몰려드는 유튜버들까지. 남태령역에서 시위 현장까지는 걸어서 10분 정도의 거리였어. 절대 혼자서 움직이면 안 된다고, 위험하다고, 친구가 계속 말리면서 나를 데리러 오겠다고 했어. 친구는 또 현장에서 만난 다른 사람의 도움을 받아 역까지 오겠다고 했고.

지하철이 움직이고 남태령이 가까워질수록 심장이 크게 뛰었어. 수많은 시나리오가 머릿속을 스쳐 갔지. 내가 정말, 만에 하나, 만에 하나, 만에 하나……. 친구를 만나 걸어가는 오르막길 내내 경찰이 보였어. 우리를 지나치기도, 함께 걷기도 했어. 멀리서 시위 소리가 들렸고, 누군가들이 소리를 지르는 것도 아주 또렷하게 들렸어. 검은 옷을 입은 경찰들은 우리를 아예 신경 쓰지 않는 것 같기도 했고, 힐끔대는 것 같기도 했고, 비웃는 것 같기도 했고, 동정하는 것 같기도 했어. 입구 앞에선 어떤 유튜버가 시위 참여자에게 시비를 걸며 카메라를 들이밀고 있었어. 우리는 그 곁을 지나쳐 시위 현장 안으로 들어갔어. 주말만큼은 아니지만, 꽤 많은, 여전히 웃긴 깃발들이 보였고, 사람들이 화를 내며 발언하고 있었고, 그것들이 종종 농담, 노래와 뒤섞이기도 하며 울려 퍼지고 있었어.

우리는 막차 시간 때문에 오래 앉아 있지 못했지만, 앉아 있는 내내 풍겨 오던 버스 매연 냄새를 기억해. 붉은 머리띠를 매고서 패딩을 입고 앉아 있던 내 또래의 사람도, 우리가 드린 온열 방석을 가족에게 양보하신 어떤 분도, 누군가의 발언에 불만을 토하면서도 함께 구호를 외치던 어떤 친구들, 오뎅 트럭에서 모락모락 피어나던 훈기, 하수구 위에서 이를 닦으며 우리를 힐끗 쳐다보던 경찰들의 검은 옷.

나는 내가 겁을 먹으면 오히려 '무해하게' 보이려 애쓰는 사람이라는 걸 처음 알았어. 일부러 어린 이야기를 하면서 크게 웃고, 아무렇지 않아 보이려 하고, 목소리를 크게, 유쾌하게, 겁먹지 않은 것처럼 보이면서도 누군가의 센서를 건드리지 않기 위해 안간힘을 쓰는 유형이라는 걸 정말 그 순간 처음 알았어. 그리고 생각이 들었지. 집에 있는 내가 이곳을 다녀가는 나를 본다면, 역시 열등감을 가지겠지? 자신의 그림에 심취해서?

그 순간 머릿속의 무언가가 따다닥, 꿰뚫리듯이 이어졌어. 내가 적당히 덮어두고 말려고 했던 것들. 괜한 자존심, 왠지 인정하기 싫었던 것들, 그걸 인정하면 내가 정말 아무것도 아니게 되어버릴 것 같았던 것들. 그것들이 나의 진짜 비굴하고 추한 모습을 직면하면서 아예 뻥! 하고 개봉이 되어버린 거야.

애초부터, 모두가 아무것도 아니었던 거야. 물론 그렇기에 더욱 대단한 거지만.

먼저 말했던 내 겨울의 결론, '연대의 힘! 연대는 힘이 세다! 함께라면 두려워할 게 없다. 우리는 함께해야 한다!'가 아니나 다를까, 역시 또 말뿐인 깨달음이고, 적당히 때워진 기억의 간판이었던 거야.

우리는 무력을 두려워할 수밖에 없어. 우리가 다치고 손해를 입을 수 있으니까. 다수 앞 소수, 혹은 강자 앞 약자로서 압도당하는 건 당연한 거지. 그렇기 때문에 우리는 모여야 하는 것이었고, 또 '그럼에도 불구하고' 모여온 것이었고, 그렇기 때문에, 그렇기 때문에⋯⋯.

세상에 날 때부터 대단한, 사명감과 운명을 가진 초인은 존재하지 않는 것이고, 그들의 (존재하지 않는) 천부적으로 주어진 용기와 능력에 미뤄서 '함께해야 하는 사람'으로서의 책임을 떠넘기고 모르쇠 해버리면 안 된다는 거, 그러니까,

핑계 그만 대야 한다는 거. 난 그걸 깨달았어.

이때 열등감이 반쯤 죽어버렸지. 수치심이 열등감한테 물을 끼얹었었거든. 정말 너무 부끄러웠어.

우리가 막차를 타려고 남태령역으로 들어갔을 때, 우리처럼 돌아가기 위해 걷는 사람들이 몇 있었어. 쭉 뻗은 복도를 걷고 있는데, 발에 무언가가 차였어. 누군가 버린 빈 물병이었고, 나는 그걸 줍기 위해 허겁지겁 쫓아갔어. 누군가가 물병을 집어 들었어. 자기가 버리겠다고 했지.

그 사람이 우리에게 고생했다고 인사해서, 우리도 수고하셨다고 인사를 드렸어. 물병을 집어 든 사람은 백팩을 메고 있었는데, 가방끈에 키링이 하나 걸려 있었어.

내가 전혀 모르는, 처음 보는 색깔의 리본이었어. 그 뒤로는 익숙한 노란 리본이 함께. 나는 지하철에 오르자마자 리본을 검색했어. 그리고 다시, 퍽, 터지는 것처럼, 마음과 부끄러움, 깨달음, 기억들이, 터진 물감처럼 덕지덕지 뒤섞여서……

'하늘색 리본은 2024년 6월 24일 화성시에서 일어난 '아리셀 중대재해 참사'를 추모하는 상징이다.'

더 적극적인 용기, 맹렬함, 정의감, 분노만으로 움직일 수 있었다면 얼마나 좋았을까 싶기도 하지만, 이제 나는 '수치심 엔진'으로 나를 움직이며 살고 있어. 열등감이 완전히 사라진 건 아니지만, 이따금 속삭임이 지나는 정도고, 그조차도 수치심이 통제하며 정돈하고 있지. 덜 부끄럽고 싶어서, 더 부끄럽고 싶지 않아서 나는 그 마음을 쫓아 움직여보고 있어. 나를 연소하는 열에너지보다, 나를 끊임없이 정돈하는 위치에너지에서 비롯되는 힘이라 그런지, 나 자신이 닳는다는 감각은 거의 느껴지지 않고 있어. 하지만 피로도라거나, 또 여러 군데서 비롯되는 자기 의심이라거나 하는 건 여전히 남아 있어서, 아직도 나는 두리번거리면서 맞는 길을 찾아보며 움직이고 있어.

또 얼마만큼의 시간이 지나야 이 수치심보다 더 나은 엔진을 찾아 성장할 수 있을까? 그때를 더 당겨오고 싶어서, 더 빨리 나아지고 싶어서 나는 광장에서 배운 것들, 배울 수 있는 것들, 내가 당장 광장에서 모두를 위해 할 수 있는 것들을 계속 생각하

고, 시도해보고 있어. 언젠가 더 나은 엔진을 찾아냈다면, 엔진 진화에 성공했다면, 혹은

내가 바라던 그 꽤 멋진 사람 같은 일을 해냈다는 생각이 들게 됐다면, 또 새로운 후기를 전해줄게. 아무것도 아닌 사람들, 대단한 사람들, 아무것도 아니면서 대단한 사람들에 대한 이야기도 써보고 싶어.

다른 쪽으로도 '상상 이상'이 되어볼 수 있도록, 계속 움직여볼게. 계속 부끄러워하고, 계속 이야기하고, 무서워하고 슬퍼하면서 움직여볼게.

그럼 언젠가는, 내가 정말로 도움이 될 수 있지 않을까?

보고 싶은 사람들처럼 말이야.

언젠가는, 나도 그 사람들이 기뻐할 무언가를 해낼 수 있지 않을까?

일단 계속 써볼게.

나는 아직 부끄럽게 살아 있으니까.

윤경림

청소년 관람불가(官覽不可)

* 이 내용은 픽션일 수도 팩션일 수도 있습니다.

기특한 아이로 취급되고 싶었던 마음이 분명히 있었다. 대부분의 첫째들이 그렇듯이.

하원비를 달라고 하지 않는 첫째, 용돈을 직접 벌어서 쓰고, 엄연한 사회 구성원으로서 활동하면서 고등학교도 착실히 다니는 첫째. 이제 와 생각해 보면 분명히 그 '타이틀'이 갖고 싶은 마음이었다. 또래보다 먼저 '사회생활'을 하는 데서 오는 우월감, 어른스러움을 담보로 으스대고픈 마음, 다양한 이야기에서 봐 왔던 실제 사회생활에 대한 다양한 흥미와 기대도 있었지만 가장 먼저 마음을 동하게 한 것은 언제나 가족이었다. 가족의 시선. 나는 그 고집스럽고 끈질긴 프레임을 억지로 비집고 나가는 대신, 차라리 멋진 타이틀을 달고 기존의 의무로부터 도망치기로 결심했다. 직접 돈을 벌어 생활한다면, 부모님의 부양 대상에서 조금 빗겨난다면 공부와 학교생활, 가족 내 첫째로서의 많은 책임들도 함께 내려놓을 수 있을 거라 생각했던 것이다.

나는 생일이 느린 탓에 고등학교 2학년 1학기 때부터 아르바이트를 시작할 수 있었다. 새 학기가 시작된 가운데, 느닷없이 아르바이트를 시작해 돈을 벌 거라 이야기하는 첫째를 가족들은 반기기도, 의아해하기도, 미안해하기도 했다. "학생은 공부나 해!"와 같은 압박이 없었던 것은, 아마 나와 비슷한 나이에 사회생활을 시작했던 사촌들의 영향도 분명히 있었을 것이다. 내 손위 사촌은 7명. 나는 직접적이지도 간접적이지도 않은 선행 사례들의 계보를 이어 첫 아르바이트를 구하게 된 것이었다.

내 첫 번째 직장은 감자탕과 삼겹살집을 병행하는 식당이었다. 식사를 하는 홀이 양쪽으로 각각 배치되어 있었고, 두 홀이 길쭉한 주방을 공유하고 있었다. 나는 우선 삼겹살 홀에 배정되었다. 홀에는 개별적인 환풍기가 없어서 온갖 곳이 고깃기름으로 끈적거렸다. 드라마와 영화에서 봐온 것처럼, 아르바이트는 끊임없이 바쁘게 움직여야 했다. 벨이 울릴 때마다 민첩하게 다가가야 하고, 기름기로 미끄러운 바닥에서 넘어지지 않게 조심

해야 하며 중간중간 빈 접시들도 눈치껏 회수해 정리해야 했다. 8시간 내내 서 있어야 했고, 어딘가에 걸터앉거나 숨을 돌리면 CCTV로 매장을 보고 있던 점장이 매니저의 무전기로 연락해 알바생들을 혼냈다. 점장, 매니저, 주방 이모들 서너 명을 빼면 가게에서 일하는 직원은 거의 모두가 고등학생이었다. 심지어 부매니저까지도.

옆 학교 다니는 애, 옆옆 학교 다니는 애, 근처 특성화고 다니는 애, 자퇴한 애 등등이 모두 그곳에서 만났다. 이따금 대학생들이 용돈을 벌기 위해 들어왔지만 얼마 지나지 않아 그만두고 사라졌다. 이 정도면 쉽게 상상이 될까? 더 나은 곳을 찾을 수 있거나, 겪어본 성인들은 쉽게 떠날 수 있지만 좀처럼 고용해주지 않는 고등학생 노동자들은 머무르는 쪽이 더 안정적인 그런 직장.

우리는 그곳에서 언니, 누나, 아저씨, 사장님, 이모였고, 이 이야기를 듣고 학생으로서의 정체성을 박탈당해 안타깝다는 듯이 이야기하는 어른들과는 다르게 그런 호칭들을 아무렇지 않게 여겼다. 조금은 자랑스럽기도 했다. 학교가 아닌, 바깥의 사회 안에서 한 명의 구성원으로서 인식되고 작동하고 있다는 사실을 누군가가 인정해주는 것처럼 느껴졌기 때문이다. 문제 풀이와 성적 대신 빠른 손과 명석한 일머리, 좋은 눈치와 센스가 그 업장의 평가 기준이었다. 나는 금방 노동에 푹 빠져버렸다. 이따금

만지는 독한 주방세제로 습진이 생기거나, 다리가 퉁퉁 붓거나, 기름 냄새에 절어 퇴근하는 나날이 반복되어도 마냥 즐거웠다. 직원 대다수가 고등학생인 가게에서 일한다는 건, 생활 반경 바깥의 낯선 친구들과 '예능' 같은 팀플레이를 이어가는 것에 가까웠다. '타이쿤 게임'처럼, 가장 효율적이고 빠른 방법을 찾아 머리를 굴리는 것도 즐거웠다. 가장 초짜에 '막내'였던 나는 약 한 달 반 만에 '남아 있는 알바생' 중 제일 오래 일한 사람이 되어 있었다. 삼겹살 홀을 지나, 신발을 벗고 들어가는 감자탕 홀에 들어가 일할 준비가 되었다는 뜻이었다.

감자탕 홀에서도 앉지 못하는 생활은 똑같았다. 알바생 뿐 아니라, 모두가 '실장님'이라고 부르던 중년의 여성도 손님이 들어오는 복도에 매일 서 있어야 했다. 우리는 마감 시간이 되어서야 빗자루로 마루를 쓸며 슬며시 쌓아놓은 방석에 앉아 쉬곤 했다. 마감 시간에는 빅브라더, 점장이 거의 자리하지 않았기 때문이다. 운이 좋은 날에는 어린이들을 위해 마련된 실내 놀이터에서 웬 지폐를 줍기도 했다. 취객들, 혹은 덜렁거리는 아이들이 흘린 돈은 아무 손님도 남지 않은 홀 구석에 초라하게 떨어져 있었다. 세상에, 보물찾기 게임까지 함께 할 수 있는 아르바이트라니. 비록 우리보다 네 살쯤 많은 매니저가 점장에게 혼이 나면 주방 집기를 집어던지며 성질을 내고, 주방 직원들이 서로 기싸움을 하고, 말다툼을 하고, 점장이 자기네 가맹점의 파급력을 항상 위시하며 으름장을 놓는 가게였지만, 나는 그것마저도 일종의 '예능 콘텐츠'처럼 느껴져 재미있었다. 매니저가 내 어깨를 감싸안기 전까진.

거의 10년이 다 되어가는 지금도 그 모든 상황과 장면, 맥락이 기억나는 걸 보면, 그때의 내 생각과 다르게, 그 일들은 꽤 큰 충격으로 나를 건드리고 지나갔던 것 같다. 감자탕 홀은 삼겹살 홀보다 일찍 마감을 했다. 나는 마루를 청소하고 있었고, 약간의 몸살기가 있어 움직임이 굼뜬 상태였다. 나는 잠시 손님이 앉아 있던 방석에 앉아 숨을 돌리고 있었다. 빗자루와 쓰레받기가 수납형의 짧은 형태라 우리는 매번 허리를 굽힌 채 홀 곳곳을 쓸어 담아야 했다.

그때 매니저가 자신의 차에 약이 있으니, 가져와서 먹으라고 하며 내 곁으로 다가왔다. 매니저는 대뜸 내 어깨를 감싸안고, 쓰다듬으며 형식적인 걱정의 말들을 건넸다. 나는 미열이 올라 자꾸 초점이 빗나가는 정신 속에서도 따닥, 따닥, 하는 불꽃이 튀는 것을 느꼈다. 우와, 이런 게 정말 현실에서 일어난다고? 학교에서 배웠던 것들이 과장되거나 너무 옛이야기가 되어버린 사례들이 아니었다고?

나는 '뻣뻣하게' 그 자리를 모면했다. 다른 어떤 방법도 생각나지 않았다. 그저 아주 이상한 기분, 이상한 느낌이었다는 것만 기억이 난다. 매니저가 미성년자와 연애를 하는 건 알고 있었지만, 왜 갑자기 내게까지? 열여덟 살로 최저시급을 받고, 술에 취한 사람들의 시비를 피해가면서 하루 8시간씩 서 있는 것도 힘들고 지치는데, 이젠 직장 내 성희롱까지 견디고 아무 일 없던 것처럼 계속 일해야 한다고?

3월 벚꽃이 피기도 전 처음으로 유니폼을 입었던 나는, 6월 말, '소원해진' 매니저와의 관계가 유지되던 중 갑작스럽게 해고 통보를 받았다. "병철이가 너 이제 나오지 말라더라"고 전해준 '실장님'의 말이 마지막이었다. 나는 실장님의 말을 녹음하고 있었고, '법과 정치' 과목 시간에 들은 게 있는 고등학교 2학년이었다. 가게는 규모가 있었다. 상시 5인 미만 사업장이 아니었다.

하지만 결과적으로, 나는 아무것도 하지 못한 채 가게를 나와 다른 직장을 찾아야 했다. 점장이 주휴수당을 제대로 챙겨주지 않은 것을 노동청에 신고했던, 나보다 먼저 가게에서 일하다 그만둔 또래 친구의 이야기가 이미 가게 전반에 퍼져 있었기 때문이다. 노동청에서 안 받아줬다더라, 그래봤자 아무 타격 없다더라, 걔만 이 근처 아르바이트에서 다 거부당할 거다, 가맹점들에도 이름이 돌 거다, 점장이 복수하려고 이를 간다더라……

나는 얼마의 돈을 더 받기 위해 그 만큼의 도전을 시도해볼 용기가 없었다. '법과 정치'에서 배웠던 것들도, 선생님에게 칭찬을 받았던 암기력도 아무 쓸모가 없었다. 한 달에 약 40만 원, 50만 원씩 벌며 들어둔 적금이 있었기에 얼마간의 지출은 버틸

수가 있었다. 나는 고등학생을 받아주는 새로운 일터를 찾아야 했다.

연회장(한 달), 국수 식당(하루), 간판도 없고 '자기들이 주는 물건을 팔아오면 한 달에 삼백도 벌 수 있다'고 하던 수상한 곳(5분)을 지나, 나는 다니던 고등학교 바로 옆에 위치한 편의점에 정착했다. 우리 학교에 비행 청소년이 많았기 때문에 술과 담배를 사는 사람들의 주민등록증을 하나하나 꼼꼼히 검사해야 했다. 이전 점장과 전혀 다른 성격의 점장님은 청소년 알바생의 대타나 업무 관리를 도와주기 위해 수시로 찾아왔고, 손님이 없는 시간 동안 앉아 있거나 휴대폰을 하는 것들도 CCTV로 일일이 확인하며 감독하지 않았다. 이전의 가게보다 훨씬 좁은 공간이었기에 나는 더욱 빨리 적응할 수 있었다. 몇 안 되는 실내·외의 테이블을 관리하고, 주류, 과자, 음료의 재고를 관리하고. 원래 미성년자를 채용하지 않는 점장님의 첫 청소년 알바생으로서 민폐를 끼치고 싶지 않아 시재를 끊임없이 점검했다. 할머니에게 들은 대로, 돈이 에쁘게 정돈되어 있으면 더 장사가 잘 될까 싶은 마음에 지폐도 가지런히, 동전도 가지런히 정돈해서 늘 포스기의 '돈통'에 채워두었다. 그래도 편의점이다 보니 이따금 수상한 취객들이나 술 담배를 사려는 청소년들이 찾아왔지만, 그때그때의 최선으로 편의점을 방어했다.

그때만큼은 내가 편의점을 지키는 기사가 된 것 같았다. 점차

처세가 늘었고, 손님과 자연스럽게 대화하는 법, 다양한 경우의 계산, 적립, 환불 처리 등이 몸에 익었다. 담배 위치를 완벽하게 외운 건 물론이었다. 단골손님들과도 얼굴을 트고, 근처 가게들의 직원들과도 친해지면서, 나는 편의점 알바생으로서의 당당함을 유지하며 고등학교 3학년이 됐다.

비록 학원은 다니지 않았지만, 학교 공부는 계속해오고 있었기에 나는 '고3'으로서 공부에 집중하는 시간도 즐기고 싶었다. 그러나 방과 후에는 일을 해야 했기에 내가 공부에 집중할 수 있는 건 수업 시간, 학교에 있는 시간뿐이었다. 그리고 사건이 일어났다.

이것도 아직 그 장면이 명확하게 기억난다. 교실 자리를 바꾼 날이었다. 나는 창가 쪽 분단 뒤편 자리에 앉게 되었고, 앞자리에는 흔히 '노는 애들'이라 불리는 무리가 앉아 있었다. 그중 한 명이 '이 자리에선 자위를 해도 선생이 모르겠다'라는 이야기를 했고, 기분이 불쾌해진 나는 담임 선생님을 찾아가 자리를 바꿔달라고 이야기했다. 그런데 담임 선생님은 내 말을 들은 뒤 곧바로 "걔네 교무실로 오라고 해." 하며 격노하기 시작했다. 그 애들을 불러 혼내긴 했지만, 정작 자리는 바꿔주지 않았다. 그때 교무실에 사람이 많았는데, 자리를 바꿔달라고 이야기한 사람이 당사자라는 사실이 교실에 퍼지는 데는 정말 5초도 걸리지 않았다. 당시 나는 짧은 숏컷 머리를 하고 있었다. 이제 전개가 예상이 되지 않나?

나는 '페미 X년'이 되어 1년간 시달렸다. 담임은 내가 졸업할 때까지도 모든 맥락을 이해하지 못하고 계속 고통을 호소하는 나를 의아해하기만 했다.

애초에 예민한 기질을 갖고 있던 나는, 학교 모든 곳에서 가해지는 심리적인 압박과 학교 폭력에 공황장애가 생겼고, 그로 인한 불안은 신체화 되어 발작성 편두통이 찾아왔다. 결국엔 수능 공부를 모두 포기하고, 심리적 안정을 찾는 데 몰두해야 했다. 당시에는 편두통이 공황장애에서 비롯된 것인지도 알지 못해서, 그때그때 응급실을 찾아가 진통제를 맞아야 했다.

재미있게도, 이런 내 신체화 증상이 가장 안정되던 공간이 편의점이었다. 학교가 끝나고 편의점으로 출근하면, 물론 그 무리나 선생들이 찾아올 것이란 불안은 있었지만, 24시간 흘러나오는 매장 안내음과 편의점의 음악 플레이리스트를 듣고, 냉장고의 요란한 소음을 들으며 좁은 카운터에 앉아 있으면, 문득 학교에서 겪는 모든 일들은 아무것두 아닐 수 있겠다는 생각이 들었다. 어차피 졸업하면 다신 안 볼 사람들이고, 내가 만날 사람들은 이런 일터에서 마주치는, 나를 전혀 모르는 사람들일 것이다. 그렇다면, 이렇게까지 상처를 받을 필요가 없지 않나? 그냥 무시하고 지나가도 될 일이 아닐까? (몸뚱어리야, 들어, 제발!) 그리고……

나는 이미 페미니스트가 맞는 걸? 그런데 왜, 명칭 하나를 낙

인처럼 만들려는 아등바등하는 것들에 휘말려야 하지?

그렇게 19살의 겨울이 지나가고, 나는 졸업과 함께 편의점을 그만뒀다. 좀 더 단단해지기 위해 많은 생각을 곱씹었지만, 아무것도 없는 허허벌판에서 바람에 절대 휘청이지 않는 건 불가능한 일이었다. 종종 그런 생각을 할 때가 있다. 그때, 그 교복을 입던 시절에, 내게 정말 기댈 만한 멘토가 있었다면 어땠을까?

가족은 사랑하지만, 바깥의 개인사를 모두 털어놓고 싶지 않을 정도의 사이였고(청소년으로서), 편의점 점장님은 친절했지만, 생활의 멘토로서 많은 것을 공유할 수는 없는 사이였다. 친구들과 함께 있는 시간은 즐거웠지만, 기대고 싶을 만큼 믿음직스럽진 못했고, 그 밖의 사람들은 아무것도 없었다.

내 글의 제목을 '청소년 관람불가'로 정한 이유가 있다. 청소년은 어쩌면, 가장 '관(官)'에 얽매여 있는 시기가 아닐까? 가정 바깥의 기관. 그건 노동청과 같은 관일 수도 있고, 학교나 교육청과 같은 관일 수도 있다. 분명한 건, '관'은 거의 어른들이 구성하고 있는 힘이란 것이고, 그렇기에 청소년, 청소년 노동자와 같은 '우리'들을 더 세밀히 살펴야 할 의무가 있다는 것이다. '관'이라는 이름 아래 청소년들의 시선과 시야, 세상을 통제하고 구속하면서도, 정작 도움이 필요할 때 알아채지 못하거나, 알아채고도 외면해버린다면—그 청소년은 결국 홀로 방법을 찾아 헤매야 하고, 그 모든 폭풍우를 홀로 감당해야만 한다. 좀 더, 좀 더 들여다본다면, 물음 하나라도, 기분 하나라도, 반응 하나라도 제대로 알아봐준다면, 봐줬다면, 나도 조금은 덜 외로울 수 있지 않았을까?

편두통이 가장 심하던 시절, 근처 병원이 문을 닫아 세 살 때부터 다녔던 소아과에 오랜만에 다시 찾은 적이 있었다. 의사 선생님이 정말 나를 기억하고 있었는지는 알 수 없지만, 아기자기한 소아과 환자석에 앉은 고등학생을 애틋하게 바라보았던 눈빛은 아직도 기억하고 있다.

"고등학교 3학년이 많이 힘들지?"

어릴 적처럼 잿빛도 아니고, 머리가 하얗게 센 선생님의 짧은 목소리에 나는 아무 말도 하지 못하고 진찰을 마치고 나왔다. 그런 생각을 한다. 나도 언젠가, 그런 순간이나마 선물할 수 있는 어른이 될 수 있을까?

내가 다시, 그때의 나를 다시 만난다면 — 나는 과연 그때의 나를 적절하게 도와줄 수 있을까? 솔직하게 말한다면, 아직도 그런 어른은 되지 못한 것 같다. 나는 여진히 겁 많고, 눈치 보고, 소심하고 찌질하다. 고등학생 때보다 더 담이 작아진 것 같기도 하다. 그래도, '도와줄 수 있는 어른이 되고 싶다'는 생각을 한다.

멋진 어른이 돼서 떼인 돈도 다 받아주고, 왜 우리 애를 건드리냐고 화내주고, 대신 사과를 받아주고, 가끔은 벌써부터 적금 들지 말고 사고 싶은 거 막 지르고 후회해보는 것도 나쁘지 않을 거라고 말해주기도 하는 어른. 아주 오랫동안 기억해주고, 인사 말이나마 정성스럽게 건네주는 그런 어른…….

나는 흉터가 많다. 덜렁대고 다니며 온갖 곳에 부딪히고 넘어져서, 마치 프랑켄슈타인 같다. 가끔은 말도 안 되는 소설 같은 사건들이 내게 흉터를 더해주기도 했다.

그런데 흉터투성이라는 건, 어쩌면 다음 사람이 똑같은 곳에서 넘어지지 않도록 조언해줄 수 있다는 뜻도 되지 않을까. 그럼 내가 지켜봐줄 수 있는 다음 사람은, 나보다 더 깨끗한 무릎으로 위험한 구간을 아무렇지 않게 지나갈 수도 있지 않을까.

청소년 관람가(官覽可)의 세상을 위해서, 우린 또 뭘 할 수 있을까?

이제 막 글을 쓰기 시작했습니다.

우와, 진짜 끝장이다. 마음은 그래도 해야지, 어떡해.
마음이 텅 빈 넥타이 뼈 구멍 속으로 몇 번씩 오락가락합니다.

어제는 사랑을 하고 있다는 걸 깨달았습니다.
누수페인트를 들이켜는 마음으로 이야기를 따라보겠습니다.

잔 주세요. 첫 잔은 원샷이에요. 원샷 해주세요.
입 좀 대보세요. 대보시라니까요. 어디 가세요.

화장실은 나가서 오른쪽이요.

감사합니다.

전태일문학상 가작   사랑하지 아니할 수, 아니할 수, 아니할 수 외 1편

윤 경 림

정 우 석

'파랑새'는 왜 세계 명작인가

그날 오전에는 비가 억수같이 쏟아졌다. 우비를 착용했음에
도 청바지가 축축해졌고, 운동화 바닥에 질척질척 물이 찼다. 평
소라면 여남은 포대는 채웠을 테지만, 오늘은 네 포대 채우기도
어려울 것 같았다. 아저씨와 나는 비를 피하려고 주남천을 따라
조성된 산책로로 내려갔다. 하천을 가로지르는 4차선 대교 아래
에는 널따란 공간이 있어 비를 피하기에 좋았다. 아저씨가 걸터
앉은 지름 1미터 남짓한 배수구에선 굵은 물줄기가 콸콸 쏟아져
나왔다. 쌩쌩 부는 바람을 타고 빗줄기가 다리 아래쪽까지 휘몰
아쳤다. 하천 수위가 점점 올라가더니 산책로까지 물이 차올랐
다. 나는 하천이 내려다보이는 강둑 위에서 서성거렸다. 수로가

뱉어내는 거친 물살이 훨씬 커다란 급류에 삼켜지는 모습을 한참 동안 바라보았다.

6월부로 가축 돌봄과 산양유 배달을 그만두었다. 산양유 주문량이 지속적으로 줄어 생계를 꾸려갈 만큼의 수입이 확보되지 않았다. 마지막 한 달은 주문량이 워낙 적어 냉장고에 자리가 모자랄 정도로 산양유 병이 쌓였다. 요구르트를 만들고 치즈를 만들어도 산양유가 넘쳐났다. 번듯한 직장에 들어가길 포기하면서 안정적인 삶에 대한 강박을 한 움큼 덜어냈지만, 10만 원도 채 남지 않은 통장 잔고는 새로운 불안의 근원이 됐다. 오뚜기 케첩을 살 때도, 맥심 커피믹스를 살 때도 나는 통장의 눈치를 봤다. 사람들 앞에서 웃고 있을 때도, 고시텔 방세가 밀린 고시생처럼 마음 한구석이 초조했다.

2개월짜리 '쓰레기 불법투기 감시원'에 채용됐다는 문자를 받았을 때 얼마나 안도했는지 모른다. 생활비가 얼마 남지 않아 이른 시일 내에 돈을 벌어야 하는 상황이었기 때문이다. 대학 졸업 후 병으로 몇 년을 앓으면서 번번한 경력도 없이 서른을 훌쩍 넘겨버렸다. 공무원 시험에 떨어진 뒤에는, 시켜만 주면 뭐라도 하겠다는 심정으로 종일 취업 사이트를 뒤졌다. 공공기관 단기 일자리건, 편의점 파트타이머건 지원 가능한 곳에는 전부 이력서를 넣었다. 전부 낙방이었다. 나이에 걸맞은 경력이 없기 때문일까? 그렇다면 나이에 걸맞은 경력이 없는 나는, 앞으로도 일하지 말라는 것일까? 이력서를 넣는 족족 거절당하니 자존감이 바닥을 쳤다. 나름의 노력으로 가꿔온 삶이 부정당하는 느낌을 받았기 때문이다. 취업지원센터에서 실업급여를 신청하는 사람들을 볼 때면 쓴웃음이 났다. 실업도 취업할 수 있는 능력자들이나 해보는 것이다. 내 인생은 하도 찌질해서 회사에서 잘린 적조차 없었다.

구청은 관할구역을 다섯 개로 나누고, 두 명씩 짝지어 순찰을 돌게 했다. 우리는 하루에 두 번, 새벽과 저녁에 각각 4시간씩 일했다. 여름철 청소 노동자의 안전을 고려해 짠 근무표였지만, 하루에 두 번 출퇴근하려니 여간 번거롭지 않았다. 노란 모자를 쓰고 노란 조끼를 걸친다. 조끼 등판에는 '쓰레기 불법투기 단속'이란 빨간색 문구가 크게 쓰여 있었다. 빨간 코팅 장갑을 끼고 철제 집게로 마대에 쓰레기를 주워 담으며 청소 구역을 돌았다. 나는 50대 후반의 아저씨와 한 조가 됐다. 160센티 중반의 키에 이마가 약간 벗어진 아저씨는 얼굴색이 붉고 눈알이 부리부리했다. 덩치는 작은데 걸음은 쏜살같다. 절도 있는 동작으로 꽁초를 주워 담으며 저만치 앞서 걸어가는데, 쫓아가자니 숨이 찰 지경이다.

아저씨와 내가 맡은 곳은 관할 구역 중 쓰레기 양이 가장 많은 곳이었다. 주말을 보내고 출근하면, 몰래 버린 쓰레기 봉지 더미가 버스 정류장과 전봇대마다 그득 쌓여 있었다. 폐장판, 누런

스펀지, 구더기 낀 음식물, 액정 깨진 티브이, 페인트 깡통, 때 탄 인형, 똥 휴지, 슬리퍼······ 사람들은 처치 곤란한 쓰레기를 두고 도망쳤다. 쓰레기를 종량제 봉투에만 담아 버려 온 내게는 신세계였다. 그들이 무슨 라면을 먹는지, 어떤 지병을 앓는지, 어떤 취미와 습관을 가졌는지 쓰레기는 말해준다. 마시고 삼키고 뱉고 뜯은 흔적을 뒤섞어 내팽개치고 떠나는 이들이 인생에서 자기 몫의 책임을 온전히 감당하며 살아갈 거라고 생각하기는 어렵다. 이것은 어느 청소부의 한 맺힌 저주만은 아니다. (그렇지만 신이시여! 그들을 저주하소서!) 사람들은 자신이 버린 쓰레기와 어느 정도 닮아 있다.

일은 주로 그의 지시에 따라 이루어졌다. 초반 2주 동안 그는 나를 고참이 신병 대하듯 했다. 윽박지르는 듯한 말투에 자존심이 상할 때가 한두 번이 아니었다. 우리는 같은 날짜에 함께 일을 시작한 기간제 노동자였지, 군대 선후임 관계가 아니었다. 이 관계를 묵묵히 인내한 건, 내가 아저씨를 투박하고 거친, 이미 생각이 굳어버린 성인 남성으로 보았기 때문이다. 아서씨에겐 스물다섯 살 어린 남성과 평등한 관계를 맺어본 경험이 없을 것이다. 아서씨가 살아온 세계에서 상명하복과 폭력과 나이에 따른 위계는 일상이었을 것이다. 그런 그에게 우리가 평등한 관계란 사실을 납득시키는 건, 불가능에 가까워 보였다. 무엇보다 난 구청에서 주는 월급이 필요했다. 괜한 마찰을 일으키기보다 체념

한 이등병처럼 조용히 근무 기간을 채우고 싶었다.

아저씨의 태도는 날이 지날수록 누그러졌다. 살아온 이야기를 들려주었고 농담도 했다. 초반에 매몰차게 대했던 게 군기를 잡고 기선을 제압하기 위한 전략이었을지도 모른다는 생각이 들어 기분이 나빴다. 아저씨도 두려웠을지 모른다. 한참 젊은 애가 자기 말을 듣지 않고 막 나갈까 봐, 다툼이 생겨 구청 담당자에게 밉보일까 봐 염려했을지도 모른다. 자존심, 일자리, 통장 잔고…… 나처럼 이런저런 사정을 따져보며 마음속에서 저울질을 했을지도 모른다.

'그 사람은 이런 사람이야!'라고 규정하는 순간 우리는 누군가를 자신이 규정한 모습으로밖에 볼 수 없게 된다. 미리 설정한 상에 시야가 가려져 상대의 다채로운 면면이 잘려 나가기 때문이다. 한 인간의 겉모습 뒤에는 나름의 역사와 비밀이 감춰져 있다. 아저씨에겐 '1960년생 한국 남자'란 말로는 다 담을 수 없는 독특한 개성이 있었다.

내게 일을 시켜놓고 자신만 쉬는 경우는 단 한 차례도 없었다. 무거운 마대를 옮기든, 날벌레 끓는 음식물 쓰레기를 담든, 그는 먼저 앞장섰다. 시간 관념도 철저해서 근무 시작 10분 전에는 늘 나와 있었다. 20년 전 대학교 앞에서 '김밥천국'을 할 때 아저씨는 새벽 5시에 나와 밤 11시까지 음식을 만들고 배달을 했다. 매일 아침 김밥집 유리창을 투명하게 닦았고, 과대표들을 찾아다니며 홍보 전단을 돌렸다. 아저씨의 몸동작엔 몸에 익은 성실함이 배어 있었다.

아저씨에겐 일 잘하는 사람이라는 자부심이 있었다. 그는 청소를 깨끗이 하면 월급을 더 받기라도 할 것처럼 부지런히 일했다. 사람들이 쓰레기를 내다 버리는 곳은 정해져 있기 마련이라, 단속원들은 대게 상습 투기 구역만 정리한다. 그는 도로변의 모든 쓰레기를 주우려 했다. 담배꽁초부터 보도블록 사이의 사탕 봉지 하나까지 일일이 주웠다. 그는 일을 효율적으로 하려고 바퀴 달린 장바구니에 마대를 묶어서 끌고 다녔다. 마대가 묵직해질 때까지 쓰레기를 꾹꾹 눌러 밟았고, 쉽게 풀 수 있으면서도 견고하게 입구를 봉했으며, 쌀 포대를 진열하듯 가지런히 마대를 정렬했다. 아저씨에게 사사받은 뒤 나도 썩 훌륭한 청소부가 됐다. 은색 철제 집개를 쥔 우리는 불법투기 단속계의 어벤져스였다. 아저씨와 내가 지나간 후에는 인도 캘커타 빈민가 같았던 거리가 비버리힐스의 주택가마냥 말끔해졌다.

노린 조끼 차림으로 거리를 돌아나니기 시삭하면서 내 안에서 두 마음의 끝없는 갈등이 시작됐다. 난 스스로를 당당하게 여기려 애썼다. '월급날만 기다리며 꾸역꾸역 직장에 다니고 싶진 않다. 2개월 간의 청소 일은 글 쓰면서 살기 위한 방편일 뿐이다. 고소득 사무직들이 하는 일이 청소 일보다 가치 있다고 할 수 있는가. 난 다른 청소 노동자들과 달라, 난 책도 많이 읽었고, 나만

의 생각도 뚜렷하다고!'

구태여 당당하려는 마음 뒤편에는 바위처럼 커다란 열등감이 있었다. 허름한 차림으로 사람들 앞에서 쓰레기를 줍는 게 창피했다. 젊은 여자 앞을 지나쳐 갈 때면 내 모습이 유난히 초라하게 느껴졌다. 눈을 마주치지 않으려 고개를 숙이고 회색 아스팔트만 내려보며 걸음을 옮긴다.

낯선 행인이 불쑥 물었다. 이렇게 젊은 사람도 공공근로 해요? 공터 원두막에서 장기를 두던 할아버지들은 내가 지나가면 손가락질하며 수군거렸다. 구청의 환경정화 일을 하는 사람들은 50대에서 70대의 중장년층이 대부분이다. 30대 중반에 청소일을 하는 사람은 찾아보기 어려웠다. 어디 모자란 구석이 있는 애라 이런 일을 하는 거라고 생각할지도 모른다. 일하다 보면, 쓰레기를 담으며 돌아다니는 '활기찬 노후' 단체의 할아버지, 할머니들을 볼 수 있었다. 내가 하는 일은 나이 먹은 어르신들이 하는 일이다. 벌이가 시원찮은 장년층의 복지를 위해 정부가 시혜적으로 마련한 일자리일 뿐이다.

어느 날은 아저씨가 평소에는 가지 않던 길로 들어섰다. 멀리 보이는 가게의 간판을 보자 숨이 턱 막혀왔다. 평소에 다니던 미용실이 거기에 있었던 것이다. 그 앞을 지나갈 엄두가 나지 않았다. 노란 조끼 입고 철재 집게를 든 볼품없는 모습을 미용실 사장님이 보게 될까 봐 두려웠다. 나도 모르게 발걸음이 느려지고 아저씨와 거리가 점점 벌어졌다. 난 결국 미용실을 지나기 전 도망치듯 다른 골목으로 방향을 틀었다. 나중에 만난 아저씨가 어디 갔다 왔느냐며 핀잔을 주었다.

나는 스스로가 직업에 대한 고정관념에서 비교적 자유로운 사람이라고 믿었다. 사무직 노동이 공장 노동보다 우위에 있다는 통념은 사농공상을 나누던 전근대적 시대의 고루한 유물이라고 믿었다. 결혼정보회사들이 직업과 소득으로 사람을 등급화하는 걸 볼 때면 그 속물근성에 코웃음을 쳤다. 하지만 정작 내가 청소 노동자가 됐을 때는 그 사실을 자연스럽게 받아들이진 못했다. 겉으로는 모든 직업은 동등하다고 말했지만, 마음 깊은 곳에서는 땡볕에서 먼지를 뒤집어쓰고 일하는 일용직 인부들보다, 양복 차림으로 도심을 누비는 사무직 노동자가 더 낫다고 여겼다.

어릴 때부터 부모님의 말씀에서, 학교 수업에서, 드라마와 뉴스에서 보고 들었던 직업에 대한 우리 사회의 인식이 내 안에 차곡차곡 쌓여 완고한 고정관념을 형성했고, 난 그것에서 자유로울 수 없었다. '직업에는 귀천이 없다'는 명제는 분명 옳지만 이것을 진정으로 받아들이는 것은 다른 차원의 문제였다. 왜냐하면 이 명제 자체가 '직업에 귀천이 있는 세상'에 문제의식을 느끼고 만들어졌기 때문이다.

사람들은 상대가 스스로를 좋아하는지, 그렇지 않은지를 귀

신같이 알아차린다. 스스로를 존중할 수 있는 사람이 타인에게 존중받는다. 나는 대학을 졸업한 뒤부터 줄곧 백수였다. 직업이 변변찮고 경제적으로 무능한 사람을 세상은 기본적으로 낮잡아 본다. '스스로 모욕한 연후에 세상도 나를 모욕하는 법'이라는 맹자의 말은 분명 옳다. 하지만 내가 속한 세상에서 온전한 인간으로 대접받지 못할 때 스스로를 존중하기란 결코 쉬운 일이 아니다. 애초에 청소일에 대한 나의 인식도 '모든 노동의 가치는 동등해, 청소일은 부끄러운 게 아냐'를 혼자서 되뇐다고 해결될 개인적인 문제가 아니었을지도 모른다. 나의 인식은 육체노동, 저임금 노동, 위험한 노동을 천하게 여기는 사회 전반의 인식과 밀접하게 연관돼 있었기 때문이다.

2주 가량 일하고 첫 월급을 정산받았다. 자영업자의 삶과 어딘가 소속되어 임금을 받는 삶은 삼천리 자전거와 125cc 시티오토바이만큼의 차이가 있다. "힘들다, 죽겠다" 하면서도 꾸역꾸역 직장에 나가던 친구들이 이해가 됐다. 몇 달간 산양과 부대끼며 사료 먹이고, 젖 짜고, 배달하며 겨우 손에 쥐었던 돈을 2주 만에 벌었던 것이다. 출근만 꼬박꼬박 하면 일하지 않는 날에도 주휴수당이란 걸 준다고 했다. 5일 일하고 하루치 임금을 그냥 받다니! 기적이야!

통장에 입금된 돈을 보는 순간 잔고 걱정에 몇 개월간 무겁던 마음이 순식간에 가벼워졌다. 왠지 모르게 세상이 아름다워 보였고 공기도 상쾌하게 느껴졌다. 금전적 여유가 생기자 법정 스님처럼 마음이 너그러워졌다. 누군가 뺨을 때리면 다른 쪽 뺨도 때리라고 할 수 있을 것 같았다. 아기 산양이 먹이통에 똥을 싸도 '허허허' 호탕하게 웃을 수 있을 것 같았다. 나는 인간은, 돈이 아니라 의미로 살아간다고 믿었다. 어떤 이들이 필요 이상으로 돈에 집착하는 이유는 수입과 지출 외에 다른 방법으로 기쁨을 느끼는 법을 알지 못해서라고 생각했다. 돈의 '없음'이 주는 큰 힘을 경험한 뒤 나는 조금 현실적으로 바뀌었다. 사람이 살아가는 데에는 일정 액수 이상의 돈이 꼭 필요하다. 15만 원 이하로 떨어진 통장 잔고는 사람의 정신을 야금야금 갉아먹는다.

어렸을 적에 파랑새 이야기를 듣고 생각했다. 바보 같은 치르치르는 왜 생고생하며 세상을 떠돌았을까? 애초부터 파랑새는 집에 있었는데 말이야. 돌아와 보니 집에 파랑새가 있어서 행복했다고? 골드바도, 묵혀둔 비트코인도 아닌 파랑새? 이런 시시한 이야기가 대체 왜 세계 명작인 거야?

진짜 바보는 나였다는 걸, 이 이야기에 정말 **중**요한 메시지가 담겨 있었단 걸 나이 서른다섯이 되고서야 알 수 있었다. 난 항상 내가 바라는 인생이 여기 아닌 다른 곳에 있을 거라고 믿었다. 눈앞에 있는 건 항상 마음에 차지 않았다. 그래서 내게 똑 들어맞는 일자리를 찾길 바라고, 특출난 재능이 있길 바랐고, 내 구미에 딱 들어맞는 사람을 만날 수 있길 고대했다. 그래서 당장에

할 수 있는 일과 내 곁에 있는 인간관계를 외면했다. 심지어 현재의 나 자신마저 부정했다. 잘 생기고 인기 많은 타인을 선망했고, 초라한 외모에 내향적인 스스로를 미워했다. 내가 가진 장점과 이뤄온 성취를 별거 아니라며 구석에 처박아두었다. 나는 오랫동안 스스로를 외면하며 나 아닌 다른 곳에서 파랑새를 찾아 헤맸다. '파랑새'는 완전함이라는 허상을 추구하며, 자신에게서 도망치는 사람들의 심리를 꼬집는 우화였다.

나는 조건이 완전하게 충족되길 기다리기보다 불완전하더라도 지금 여기서 뭔가를 시작해야 했다. 미숙하더라도 일단 시도하고, 세상과 부딪치면서 내 모습을 확인하고 만들어갈 필요가 있었다. 내 딴에는 결핍을 메운다며 웅크리고 있던 시간 속에서 나는 스스로 몰랐던 면을 알게 되기도 했지만, 현실과 동떨어진 나만의 관념은 수정되지 못한 채 오랫동안 유지될 수밖에 없었다. '좋은 글을 쓰는 사람'이 될 수 있는 조건은 이미 내게 주어져 있었다.

예전의 나였다면 번듯한 직장에서 따박따박 월급을 탈 때까지 글을 쓰려고 하지 않았을 것이다. 뒤늦게 깨달았지만 이제는 안다. 지금 하지 않는 사람은 나중에도 하지 않는다는 것을. 쓸 수 있는 완벽한 조건을 기다릴 게 아니라 발 딛고 선 여기에서부터 '불완전한 나'를 '있는 그대로' 써야 한다는 것을. 나는 청소하며 본 풍경과 만난 사람들을 땔감 모으듯 내 안에 주워 담았다.

아저씨의 인생 이야기를 주의 깊게 들었다. 폐지 줍는 할머니의 손수레를 유심히 보았고, 할아버지들이 벤치에 앉아 나누는 신세 한탄을 엿들었다. 무더운 오후 무렵, 구제 옷 가게 여사장님이 차가운 맥콜 두 캔을 건네준 사건을 기억해두었다. '비싼 쌀밥 먹고', '뱃놈', '자네만 알고 있게' 같은 아저씨의 독특한 언어를 메모했다. 주말에는 한 출판사에서 교육을 들었다. 책 만들기에 관심 있는 이들을 위한 출판 종사자 양성 과정이었는데, 조별로 매주 발표를 해야 해서 쉴 틈이 없었다. 새벽 청소를 마치고 돌아오면 짧은 잠을 잤다. 일어나서는 PPT를 만들고 블로그에 올릴 글을 썼다. 저녁이 되면 다시 나가서 청소 구역을 돌고, 집에 와선 밀린 집안일을 한 후 잤다. 그런 날이 매일같이 반복됐다.

이번 여름의 시간은 유독 느리게 흘렀다. 뜨거운 길 위를 하루 종일 돌아다니는 일이 버거웠기 때문이리라. 수면 부족으로 눈이 건조했고 두 다리는 항상 뻐근했다. 올해 여름을 영화로 만든다면, 키드를 끌며 한정 없이 걷거나 땀에 전 채로 쓰레기를 주워 담거나, 책상 앞에 앉아 키보드를 두드리는 장면이 대부분일 것이다. 이런 날들이 차곡차곡 쌓여 마지막 근무일이 됐다. 아저씨가 사준 생선까스를 얻어먹은 뒤 스쿠터를 타고 집으로 돌아오니 여름이 끝나있었다. 이 기간 동안 인내나 노동의 가치 같은 인생의 교훈은 얻지 못했다. 그저 좋은 글을 쓰는 사람이

되려면, 올해 여름과 같은 계절을 스무 번은 더 걸어가야 한다
는 어렴풋한 예감만이 남았다.

정우석

'하나님 나라'란 게 있다면

며칠 전 병진 씨가 시민단체 ○○○○가 이사를 하는데 도와
줄 수 있는지 물어왔다. 갈지 말지 고민하다가 직장을 하루 빼먹
고 다녀오기로 했다. ○○○○는 생태와 자립적 삶에 대해 교육
하고 이를 현실에서 실천하는 시민단체로 2000년대 초반부터
지금까지 부산에서 활동을 이어왔다. ○○○○에서 삶의 전환
점을 만든 사람들이 여럿 있고, 나 또한 이 단체와의 인연 덕분
에 마을공동체에 들어와 살고 있다. 이곳을 통해 만날 수 있었던
사람들과 누렸던 경험을 생각하면, 이사 일손을 거드는 일쯤은
아무것도 아니다.

오전 10시쯤 도착하니 영철 씨, 용호 씨, 지현 씨가 먼저 와서

이사를 돕고 있었다. 4층 공간에는 노끈으로 묶은 책 꾸러미, 선풍기, 나무 걸상, 서랍장, 책상형 미싱기, 주방 물품이 어지럽게 널려 있었다. 창문을 통해 아래로 짐을 내려야 했는데, 1층에는 사다리차 아저씨밖에 없어서 내가 아래로 내려갔다.

건물 앞에는 사다리를 높게 뻗은 사다리차가 버티고 있었고, 그 왼편에 1.5톤 용달트럭이 꽁무니를 붙여 주차돼 있었다. 짐을 싣게 될 나머지 트럭 두 대는 도로 맞은편에 주차되어 있었다. 40대 중반쯤으로 보이는 사다리차 아저씨는 중청색 야구모자에 면바지 차림이었다. 햇빛에 그을려서 얼굴이 붉었고, 작고 동그란 눈이 똘똘한 인상을 주었다. 공간을 최대한도로 활용하며 짐 쌓는 데는 요령과 기술이 필요해서, 나는 주로 운반구에서 짐을 내렸고 아저씨가 트럭에 차곡차곡 쌓았다. 나는 선 채로 허리를 굽히기보다 다릿심을 써서 물건을 들어 올리려 애썼다.

아저씨는 이삿짐 테트리스의 고수 같았다. 그는 짐을 어떻게 쌓아야 한정된 공간을 가장 효율적으로 활용할 수 있는지 알고 있었다. 내가 건네는 이삿짐은 모양도 크기도 제각각이었는데, 아저씨는 매 순간 빠르게 판단해 짐을 놓았다. 2.5평 트럭 짐칸이 마치 블랙홀처럼 끝없이 이삿짐을 집어삼켰다. 전혀 어울리지 않는 물건들이 서로 기대고 받쳐주며 차곡차곡 쌓여 올라갔다. 트럭의 짐이 고봉밥 모양으로 점점 높아져도, 짐들은 '뭐, 이쯤이야' 하는 심드렁한 표정으로 안정감 있게 쌓여 있었다.

아저씨는 사다리차를 조작 레버가 아니라 직접 만든 리모컨으로 조작했다. 락앤락 반찬통을 개조해서 만든 리모컨은 외부로 빨간 버튼 세 개가 나와 있고 통 안에는 자석이 내장돼 있었다. 아저씨는 사다리차를 조작하다 짐을 나를 때면 리모컨을 트럭 짐칸이나 사다리차 지지대에 잠깐씩 붙여두었다. 그는 작업을 효율적으로 하기 위해 끊임없이 생각하는 사람 같았다.

아저씨는 주변 상황을 살피며 일을 적절하게 배분할 줄 알았다. 내가 허약한 걸 알아챈 아저씨는 에어컨 실외기처럼 무거운 걸 들 때면, "니는 잠깐 빠져 있어라." 하고는 자신이 직접 나서서 힘 좋은 사람들과 같이 들었다. 용호 씨가 머리 회전이 빠르고 튼튼하단 걸 알아보고는 까다로운 작업은 그에게 맡겼다. 아저씨는 항상 잡기에 가장 편한 형태로 이삿짐을 건넸다. 운반구에서 땅바닥으로 뛰어내릴 일이 있었는데 잠깐 기다리라며 운반구의 높이를 낮게 조절해주기도 했다.

위층에서는 끊임없이 짐을 내려보냈다. 트럭에 짐을 싣고 싣고 또 실었지만 작업은 도무지 끝날 기미가 보이지 않았다. ○○○○ 교육장은 골판지 바닥 아래에 열선을 깔아 난방을 했는데, 골판지와 스티로폼을 고스란히 가져가느라 짐이 늘어난 것 같았다. 나는 쉴 새 없이 내려오는 이삿짐에 질려서 옆에서 일하던 영철 씨에게 조잘조잘 농담을 했다.

"영철 씨, 이삿짐 나르는 거요. 꼭 스타크래프트에서 무한 저

글링 러시 막는 것 같지 않나요?"

"영철 씨, 병진 샘이 일할 거 별로 없다고 했는데, 막상 와보니 엄청 힘들잖아요. 우리 저번에도 이 패턴에 당하지 않았나요?"

"영철 씨, 일이 힘드니까 저 소주 광고 포스터에 여자 연예인 웃는 것도 짜증 나지 않나요? 저 웃는 표정이 우리를 비웃는 것 같지 않나요?" 나보다 세 살 어린 영철 씨는 내 농담에 인자하게 웃으면서도 부지런히 손과 발을 움직였다.

오전 중에 끝날 줄 알았던 작업은 오후 1시가 되어도 끝나지 않았다. 우리는 잠시 일을 멈추고 근처 백반집에서 점심을 먹고 왔다. 오후 무렵부터는 머리와 몸이 따로 놀았다. 머리로는 눈앞의 짐을 옮겨야 한다고 생각하는데 묵직한 다리가 바닥에서 쉽게 떨어지지 않았다.

이사 트럭 중 한 대는 냉장 식품을 운반하는 탑차였다. 냉장칸이 천장과 벽면으로 둘러싸여서 다른 트럭처럼 물건을 마음껏 쌓아 올릴 수가 없었다. 용호 씨와 나는 짝을 이루어 냉장칸에 짐을 실었다. 용호 씨는 팔심이 좋았다. 책상 일체형 미싱과 냉장고처럼 덩치 크고 무거운 물건들을 표정 하나 안 변하고 번쩍번쩍 들었다. 가로 1미터, 세로 2미터 너비의 온열 골판지는 질 낮은 압축 나무로 만든 데다 십 수년간 사용해서 많이 닳아 있었다. 골판지를 모로 세워 짐칸에 차곡차곡 채워 넣는데 자기들끼리 부딪쳐 탑차 안에 먼지가 뿌옇게 피어올랐다. 나는 먼지가 해로울 것 같아 얼굴을 찡그리고 숨을 참는데, 용호 씨는 먼지 따위는 아랑곳하지 않고 아귀를 맞추기 위해 골판지 귀퉁이를 툭툭 두드리는 데만 열중하는 것이었다. 순간 내가 육군 현역이고 용호 씨가 동사무소 방위 출신이라는 사실이 떠올랐다. 나는 군대에서 작업 못한다고 욕 깨나 먹었던 사람이다. 힘세고 일 잘하는 데다 헌신적이기까지 한 용호 씨가 현역으로 갔다면, 고참들에게 사랑받고 대한민국에도 훨씬 보탬이 됐으리란 생각이 들어 안타까웠다. 내가 방위로 복무하지 못했단 사실은 세 배는 더 안타까웠다.

에어컨 실외기는 1층 건물 뒤편에 놓여 있었다. 담벼락으로 둘러싸인 통로는 한 사람이 간신히 지나갈 수 있을 정도로 폭이 좁았다. 실외기는 50킬로그램은 족히 넘어 보였다. 영철 씨가 실외기 뒤쪽을 잡고, 앞쪽을 잡은 병진 씨가 뒷걸음질 쳐 실외기를 옮겼다. 나는 그들이 수월하게 이동하도록 거치적거리는 물건들을 치워주었다. 손가락 끝에 걸리는 만만찮은 압력에 두 사람 표정이 잔뜩 굳었다. 잠깐만 방심하면 허리를 삐거나 발을 찧을 수도 있는 위험한 작업이었다. 영철 씨는 힘든 일이건 더러운 일이건 주저하거나 뒤로 빼는 법이 없었다. 요즘 세상에서 보기 드문 사람 같았다.

사다리차 아저씨는 이삿짐에 줄을 이중으로 퉁기고도 위험하게 적재된 짐이 없는지 재차 살폈다. 용달차 아저씨가 "이만하면

됐다, 절대로 안 떨어진다"고 해도, 불안정해 보이는 짐을 따로 빼서 사다리차 조수석에 실었다. 사다리차 아저씨는 석고상을 조각하는 예술가처럼 작업의 완성도를 끊임없이 높여가는 사람 같았다. 예술 분야뿐 아니라 미장, 타일, 목공, 이사일에도 틀림없이 달인의 경지가 있다.

우리는 이삿짐을 모두 실은 뒤, 몇 대의 차에 나눠타고 남산동으로 갔다. 새로 이주할 건물이 있는 곳은 경사가 급한 데다 도로 폭이 좁아서 사다리차와 용달차를 주차하는 게 만만치 않았다. 이사 도중에도 옆으로 자동차들이 계속 지나다녀서 짐 나르기가 불편했다. 사다리를 대야 할 창문 앞에 전깃줄이 축 처져있어 용호 씨가 사다리차를 타고 올라가 노끈으로 전깃줄을 묶어야 했다.

이전 ○○○○의 사무실 한 칸은 벽 한 면이 수천 권의 책으로 채워져 있었다. 이사를 하면서 오래되어 안 보게 된 책을 버리려고 노끈으로 묶어놓았는데, 용달차 아저씨가 고물상에 팔겠다며 이삿짐과 함께 책 뭉치를 실어 왔다. 이삿짐을 내려놓은 용달차 아저씨가 책을 챙겨 떠나려 할 때, 갑자기 사다리차 아저씨가 헌 책들 중에서 볼 만한 책을 골라내기 시작했다. 책더미를 뒤지는 아저씨의 눈이 소풍날 보물찾기를 하는 소년처럼 반짝반짝 빛났다. 책을 좋아하는 나는 책더미를 헤집는 아저씨 모습이 정겹게 느껴졌다. 종일 이삿짐을 나른 아저씨가 집에 가서 저녁밥을 먹고 모로 누워서 책을 읽는 모습이 상상이 됐다. 아저씨가 골라낸 책은 주로『카네기 인간관계론』,『배려』,『가치투자』같은 재테크와 자기 계발 서적이었다.

나는 아저씨가 기왕이면 좋은 책을 골라 갔으면 해서, 함께 책 더미를 뒤지기 시작했다.『삶의 의미를 찾아서』를 건네며 나치 수용소에 갇혔던 정신과 의사가 삶의 의미를 고뇌하며 쓴 책이라고 소개했고, 내가 감명 깊게 읽었던 라다크 마을의 공동체 이야기『오래된 미래』얼른 주워 건넸다.

그러다 보니 나도 덩달아 책 욕심이 났다.『톨스토이 단편선』,『가르칠 수 있는 용기』, 권정생 선생님의『우리들의 하느님』을 건졌다. 공짜 책이 생기니 맛있는 빵을 잔뜩 선물 받은 것처럼 신이 났다. 이 정도면 오늘 일당으로 부족함이 없다.

옆에서 지켜보던 병진 씨가 씨익 웃으며 한마디 던진다.

"책 많이 읽어봐야 아~무 소용없다~"

병진 씨는 두껍고 어려운 철학책을 많이 읽어왔고, 지금도 틈민 나면 책을 읽는 사람이다. 실세로 책이 소용없다고 믿는 사람은 아니다. 나는 그의 '아~무 소용없다~'를 책이 인생을 살아가는데 정답을 제시해주지는 못한다는 말로 들었다. 사람들이 처한 상황은 저마다 천차만별이라, 책에 나온 내용을 곧이곧대로 적용하면 어색하고 안 들어맞는 경우가 대부분이다.『카네기 인간관계론』을 읽고 주변 사람들에게 써 먹어보라. 당장에 '니 오늘 왜 이러는데? 평소대로 해라'는 말을 들을 것이다. 많은 이들에게 귀감이 되는 권정생 선생님의 삶조차 그것을 내 삶에 그대로 가져와 쓸 수는 없다. 그렇다면 책은 어디에 소용이 있을까? 책은 그것을 정답처럼 가져다 쓰려는 사람보다, 책을 통해 자신의 삶을 돌아보려는 사람에게 소용이 있을 것이다. 타인의 입장을 상상해보고, 익숙하지 않은 생각의 방식을 배우고, 스스로를 탐구하려는 사람에게 소용이 있을 것이다.

용달차에서 짐을 내려 사다리차로 올려보내는 작업이 이어졌다. 아저씨와 내가 짐을 건네주면 용호 씨가 운반구에 짐을 쌓았고, 운반구를 3층으로 올려보내면 창문에서 병진 씨와 영수 씨가 짐을 받았다. 이사 현장에서 용호 씨는 마치 수비수들 틈을 단독 드리블로 질주하는 차두리 같은 활약을 보여주었다. 짐을 신속하면서도 안정적으로 쌓고, 에어컨과 서랍장처럼 무거운 물건도 능숙하게 다루는 모습이 경력 5년 차의 이삿짐센터 직원 같았다. 사다리차 아저씨는 용호 씨에게 농반진반으로 이삿짐 일을 진로로 삼아보라고 권했다.

오후 5시쯤 되니 팔다리가 모래주머니를 찬 듯 무거웠고, 눈꺼풀이 자꾸만 내려앉았다. 운반구에 짐을 싣고, 운반구가 올라갔다 내려오면 다시 짐을 싣는 일이 도돌이표처럼 반복됐다. 몸이 하도 고단하다 보니, 나는 반쯤 넋이 나가 멍한 눈빛으로 트럭 옆에 멍하니 서 있었다. ○○○○ 총무님이 우리를 위해 근처

카페에서 음료를 사 오셨다. 운반구가 올라간 사이에 맞은편 건물 층계참에 걸터앉아 종이컵에 담긴 레몬차를 마신다. 레몬차는 눈이 절로 찡그려질 만큼 시고, 사탕처럼 달콤하다. 뜨거운 레몬차가 꿀떡꿀떡 목구멍으로 넘어가자 뱃속이 따뜻해진다. 당분이 혈관을 타고 온몸 구석구석까지 퍼져나가는 게 느껴진다. 감기던 눈이 번쩍 떠지고, 팔다리에 힘이 돈다. 최근 5년간 마셨던 어떤 레몬차보다도 맛있었다. 하루 동안의 고생이 레몬차를 더 진하고 새콤하게 만들어주었다.

날이 어두워지고 골목길 가로등이 하나둘 켜질 무렵, 마침내 이삿짐 작업이 끝났다. 병진 씨와 용호 씨와 나는 용달트럭을 타고 다시 ○○○○로 향했다. 이사하면서 나온 폐기물을 재활용센터에 가져다주고 빌린 트럭을 주인에게 반납해야 했다. 재활용센터가 문을 닫기까지 한 시간밖에 남지 않아 마음이 조급했지만, 퇴근 무렵 차량 행렬에 낀 우리 트럭은 시속 5km의 속도로 느릿느릿 움직일 수밖에 없었다. 재활용센터 사장님이 퇴근 시간을 한참 넘겨서끼지 기다려주신 덕에, 가까스로 폐기물을 반납할 수 있었다.

돌아오는 길에 병진 씨는 이렇게 온종일 고생시킬 줄 몰랐다며, 우리에게 일당을 챙겨주려 했다. 나는 어차피 친구 이사하는 거 도와주는 마음으로 왔다며 사양했다. 용호 씨도 아무 생각 없이 도우러 왔으니 안 받겠다고 했다. 오늘은 내복이 땀에 젖는 줄도 모르고 신명 나게 일했다. 애초에 돈을 받을 생각이 없었기에, 오히려 재미있게 일할 수 있었던 것 같다. 임금노동이었다면 '돈 받은 만큼은 일해야 한다'는 부담감에 그리 즐겁지 않았을지도 모른다. 우리 사회에서 노동과 돈의 교환은 너무나도 당연시되지만, 노동과 돈을 반드시 교환해야 하는 건 아니다. 도움이 필요한 누군가에게 대가 없이 노동을 제공할 수 있고, 도움이 됐다는 그 사실 자체를 보상으로 여길 수도 있다. 나 또한 지금까지 살아오면서 많은 이들에게 대가를 바라지 않는 도움을 받아왔다.

어젯밤 ☆☆대안학교 아이들과 3박 4일 도보 순례를 마치고 돌아와 바로 이사 현장에 합류한 병진 씨는 트럭을 운전하며 여행 이야기를 들려주었다. 한겸 선생님은 여행 내내 아이들 옆에서 함께 걸었고, 수민 선생님은 동선 조정과 숙박, 그리고 외부 소통을 담당하며 수십 명이 함께 움직이는 전체 일정을 꼼꼼히 챙겼다. 아이들은 서로를 격려하고 다독이며 하루에 수십 킬로미터씩 걸었다. 도보 순례로 학교로 돌아와서는 촛불을 켜고 둘러앉아 여행을 돌아보는 글을 썼다. 자신의 글을 소리 내어 읽고 다른 아이들의 발표 글을 들으며 눈물을 뚝뚝 흘렸다. 열네다섯 된 아이들이 누군가와 연대하는 힘으로 자신의 한계를 뛰어넘는 경험을 한 것이다.

종일 이삿짐을 나른 노곤함에 병진 씨가 들려준 이야기의 여운이 더해져, 우리 셋은 한동안 말이 없었다. 순간, 이렇게 살아가면 된다는 생각이 들었다. 오늘 하루가 내가 어떨 때 충만함을 느끼는 사람인지 다시금 확인시켜준 듯했다. 나는 진솔한 관계에서 느끼는 기쁨을 물질적인 풍요보다 소중하게 여긴다. 나는 이렇게 선하고 사려 깊은 사람들과 계속 어울려 살아가고 싶다. 지속적인 관계에선 내 모습이 여과 없이 드러난다. 그 모습이 부끄러운 것이든, 자랑스런 것이든 나는 나의 몰랐던 면을 발견하는 것이 반갑다. 이 사람들과 함께 여러 사건을 통과하며 살아간다면, 나와 타인에 대한 귀중한 진실을 많이 발견하게 될 것 같다.

이날 밤 나는 한 번도 깨지 않고 푹 잤다. 다음날 느지막하게 깨서 이불속에서 꼼지락거리고 있으니 마음이 푸근했다. 나는 종교가 없다. 교회도 절도 다니지 않는다. 다만 가끔 예수님이 말했던 하나님 나라에 대해서 생각한다. 만약 하나님 나라란 게 있다면—그것은 죽은 뒤에 가는 천국도, 먼 훗날의 어느 시점에 불현듯 찾아오는 이상세계도 아닐 것이다. 만약 하나님 나라란 게 있다면—그것은 지금, 여기서, 우리가 찾아내고 만들어가야 하는 시공간이라고 생각한다. 예수는 2000년 전에 살았던 숭배해야 할 성인이 아니라, 주변 이웃의 모습에서 발견하고 내 마음속에서 키워가야 할 선하고 지혜로운 인간의 심성이라고 생각한다.

○○○○가 재정이 넉넉지 않은 단체임을 아는 청년들은 시

간을 내서 일하러 왔으면서도 대가를 바라지 않았다. 일하는 시간이 예상보다 두 배는 길어졌지만 불평하는 사람은 없었다. 일 못한다고 면박을 주는 사람도, 몰래 뒤로 빠져 게으름피우는 사람도 없었다. 모두가 자기 집 이사처럼 묵묵하게 일했다. 병진 씨가 수년간 청년들과 진실되게 맺어온 관계, 서로에 대한 애정이 이사 현장을 화기애애하게 만든 것 같다. 내가 온종일 일했던 이사 현장이 하나님 나라였다. 서로를 살피며 즐겁게 일했던 그곳이 하나님 나라였다. 나와 이삿짐을 주고받았던 착한 손들이 예수의 손이었다. 예수를 만났던 제자들이 부활한 예수를 알아보지 못했던 것처럼, 나도 다음 날 아침이 되어서야 내가 하나님 나라에 있었음을 깨달았다.

마을의 어느 분께 이 이야기를 들려드리니, 딱 하루만 일했으니 하나님 나라라고 말할 수 있었던 게 아니냐고 하셨다. 이분 말씀에 동의했다. 내가 매일 힘들게 육체노동을 하는 사람이었다면 일터를 하나님 나라라고 말하기는 어려웠을 것 같다. 반복되는 일상, 고된 하루하루를 어떻게 하나님 나라로 만들어낼 수 있을까? 마음속에 오래오래 품고 살아야 할 질문이다.

〈파랑새는 왜 세계명작인가〉는 몇년 전 여름, 시청의 불법투기단속 기간제 근로자로 일한 경험을 쓴 글이다. 20대 중반부터 7년간 투병생활을 했던 나에게는 대학졸업 후에 처음으로 가져본 일자리였다. 기간제 근로를 하면서 세상 사람들의 사는 면면을 실제로 보게 되었고, 내가 알고 있던 관념 속의 '나'와 실제의 내가 많이 다르단 것도 알게 되었다. 청소노동자로 일했던 두 달의 시간은 세대와 소통의 문제, 내 안에 자리잡은 직업에 대한 편견, 삶과 글쓰기 등에 대해 여러 생각거리를 던져주었다. 이 경험을 기록으로 남기고 싶어 이 글을 썼다.

나는 노동에서 보람을 느끼고, 노동을 통해 나를 키워가는 것에 여전히 어려움을 느낀다. 스스로와 내가 하는 일에 대해 계속해서 글을 써가며 이 과제를 풀어가고 싶다.

전태일문학상 가작　　　　　**'파랑새'는 왜 세계 명작인가 외 1편**

정 우 석

나를 잘 알고, 내 삶을 잘 살아내고 싶어서 글을 씁니다. 글쓰기를 통해 스스로를 질책하기보다 어떤 경우에도 날 응원하는 친구가 돼보려 합니다. 스스로에게 정직한 글을 쓰고, 그 글이 저를 살려가기를 바랍니다. '정나무'란 필명으로 『아플 때마다 글을 썼다』, 『일터의 얼굴들』(공저)을 펴냈습니다. 경남 양산의 웅상노동인권연대에서 노동 상담을 하고 있습니다.

9년을 간직한 열쇠

면접을 봤다. 면접은 경비실에서 이뤄졌다.

"내일부터 출근할 수 있어요?"

"네, 할 수 있습니다."

하청업체 과장의 건조한 질문에 나는 빠르게 답했다. 면접은 5분 만에 끝났다. 합격이었다. 그렇게 취업해서 비정규직으로 6년을 일했다. 출근해서 온갖 잡일을 하면서 불만을 꾹 참고 시키는 대로 일했다. 결근을 한 번도 하지 않았다. 정규직과 친하게 지냈다. 정규직 부서의 회식에도 참여했다. 4년 만에 반장이 되었다. 하청업체는 10년을 일해도 모두 최저임금이었다. 다른 사람은 모두 최저시급을 받는데, 나는 반장이라고 시급 50원을 더 받았다. 임금은 4인 가족이 살아가는데 턱없이 부족했다. 나는 투잡으로 대리운전을 시작했다. 퇴근해서 저녁을 먹고 밤거리로 나갔다. 처음에는 대리운전을 몇 개월만 해볼 생각이었다. 그러나 대리운전으로 한 달에 손에 쥐는 100만 원 정도의 수입이 짭짤했다. 부족한 임금을 채워주는 투잡을 그만두기 어려웠다. 대리운전은 4년을 이어갔다. 하루는 이런 일이 있었다. 서울에 사는 친구가 구미에 내려왔는데, 얼굴 한번 보자고 연락이 왔다. 나는 술집 앞에서 콜을 기다리다가 일을 포기하고, 그 친구가 있는 곳으로 택시를 타고 달려갔다. 친구에게 대리운전 일을 하다가 왔다고 차마 말하지 못했다. 가난에 쪼들려 낮에도 일하고 밤에도 일하는 형편을 들키고 싶지 않았다. 아등바등 사는 내 모습이 부끄러웠다.

비정규직으로 산다는 것은 '내가 공부 못해서 인생 실패자'가 된 것처럼 느껴진다. 차별받고 무시당하는 일이 날마다 반복되기 때문이다. 매일매일 자존심이 짓밟히는 인생이다. 낮에는 관리자나 정규직의 눈치를 보며 일하고, 밤에는 술 취한 손님을 상대했다. 가끔 나이도 어린 술 취한 손님이 반말로 운전을 제대로 하라거나, 주차를 왜 이 모양으로 하냐고 시비를 걸 때는 죽을 맛이다. 낮에는 사내하청 비정규직, 밤에는 특수고용 노동자로 살다 보면 '이렇게 살아야 하나' 자괴감이 들 정도로 비참하다. 순간순간 자존심이 꿈틀대다가 '돈을 벌어야 먹고살지'라는 마음 앞에서 아무리 화가 나도 참고 지나간다.

투잡의 버거운 삶을 멈추게 한 것은 노동조합이었다. 나는 비정규직의 삶을 바꿀 수 있는 유일한 희망은 노동조합밖에 없다고 확신했다. 투잡을 하면서 비정규직 노동조합을 설립하기 위해서 현장 동료들을 열심히 만났다. 회사는 어떻게 알았는지 비정규직 노동조합 설립의 움직임을 눈치챘다. 우리는 회사의 방해를 뚫고 비정규직 노조를 만드는데 성공했다. 노조를 막으려는 회사의 의지보다 비정규직 노동자들의 절박함이 더 강했다. 순식간에 140명이 가입했다. 하늘을 날 듯이 기뻤다. 그러나 기쁨은 오래가지 않았다. 노조 설립을 막지 못한 회사는 초강수를 두었다. 회사는 전기설비 공사를 한다면서, 노조를 설립한 하청업체 노동자 모두를 하루 쉬게 했다. 3교대로 일하는 사업장인데, 모두가 다 같이 쉬는 날은 10년 만에 처음이었다. 우리는 회사가 전기공사를 한다는 것을 곧이곧대로 믿었다. 공사 당일 회사는 178명을 상대로 계약 해지 문자를 통보했다. '설마?', '문자 한 통으로 178명을 해고한다고?' 믿기지 않았다. 문자를 받은 우리는 충격에 빠졌다. 조합원들은 난리가 났다. 다음 날 정문에는 용역 경비 100명이 배치되었다. 한 조합원은 개인 사물함에 도서관에서 빌린 책을 두고 나왔다며 걱정했다. 다른 조합원들도 충전기부터 각종 개인 물품을 옷장에 그대로 두고 쫓겨났다. 하루 휴가받은 그날부터 공장 출입은 전면 통제되었다.

원청은 자신의 공장에서 "비정규직이 어디 감히 노조를 생각하나"며 노동조합을 용납하지 않았다. 노조를 죽이려고 멀쩡한 하청업체를 하루아침에 폐업시켰다. 희망을 품고 노조에 가입한 비정규직과 노조에 가입하지 않은 관리자들이 모두 길거리로 쫓겨났다. 원청은 하청업체가 사라지면서 비정규직 노조도 같이 사라지길 바랐다. 노조 설립, 폐업, 문자 해고…… 이 모든 일이 한 달 만에 벌어졌다.

나는 지회장이 되었다. 100명 넘게 해고자만 있는 비정규직 노조의 지회장이다. 막막했다. 어느 날 농성장에 있는데, 늦은 밤에 전화벨이 울렸다. 모르는 전화번호였다. 누군가하고 받았더니 조합원의 아내였다. 내가 노조를 만들어서 자기 남편이 해고되었다며, 모든 것이 나 때문이라고 했다. 내가 출세하려고 노조를 만들었고, 나 때문에 자신의 남편이 피해 보고 있다며 욕했다. 그녀는 거리낌 없이 내 심장에 대못을 박았다. 여러 개의 대못을 숨도 쉬지 않고 박았다. 10년이 지났지만, 아직도 그 욕설이 귓가에 생생하다. 그 일을 떠올리면 지금도 심장이 뛰고, 그날의 상처가 아직 다 아물지 않았다.

"당신 남편이 대수롭지 않은 일로 회사에서 징벌 조끼를 입고, 점심으로 다 식은 도시락을 20분 만에 먹고 짐승처럼 일합니다. 회사에서 인간 취급도 못 받으며 관리자들의 눈치를 보면서 하루하루 일해온 것을 알고는 있습니까? 남편이 노동조합에 가입했을 때 어떤 마음으로 가입했는지 아십니까?"

입 밖으로 튀어나오는 소리를 참았다. 끝까지 참아내기를 잘했다. 조합원은 자신의 아내가 내게 어마 무시한 욕설을 퍼부은 사실을 10년이 지난 지금도 모른다. 다행이다. 우리는 그렇게 서로가 서로에게 상처를 주며 아픈 시간을 견뎌냈다. 해고자로 살아가는 일은 괴로웠다. 명절이 제일 싫었다.

"너는 아직도 그러고 있나?"

"그럴 시간에 다른 일자리를 구하겠다!"

"그런다고 회사를 이길 수 있나?"

"가족도 좀 생각해라!"

"어지간히 해라!"

우리는 잘못한 것이 없는데, 주위 사람들한테 듣고 싶지 않은 얘기를 시도 때도 없이 들어야 했다. 사람들이 왜 우리를 꾸짖는지 이해되지 않았다. 사람들은 쉽게 판단하고 쉽게 말했다. 아무리 설명해도 우리의 억울함을 공감하지 못했다. 우리는 온갖 아픈 말들을 들으면서 노동조합을 포기하지 않았다. 다른 일자리를 찾아간다고 내 삶이 달라지지 않기 때문이다. 어렵게 만난 노동조합을 통해서 거지 같은 내 삶을 바꿔 보고 싶었다. 더 이상 물러설 곳이 없는 인생을 우리는 노동조합에 걸었다.

현실은 가혹하다. 노동부에 고소하면 해결될 줄 알았는데, 우리 사건은 쉽게 해결되지 않았다. 우리는 사건을 고의적으로 시간 끌던 고용노동부 근로감독관의 멱살을 잡았고, 기업의 불법을 눈감아주며 무혐의 처리한 검사를 찾아갔다. 이른 아침 출근하는 담당 검사를 주차장에서 붙잡아 "니가 검사야! 사건을 X같이 처리해놓고!"라며 소리쳤다. 생각하지 못했던 욕이 절로 나왔다. 당황한 검사는 부리나케 도망쳤고, 우리는 그 뒤를 쫓았다. 검사란 놈이 도망치는 꼴을 보면서 기가 막혀서 웃기지도 않았다. 조합원들은 난생처음 용역과 싸우고, 경찰과 싸우다가 유치장에 끌려가서 재판을 받았다. 검찰청 앞에 천막 농성장을 차렸다. 검찰청 로비까지 점거해서 검찰청을 들었다 났다 했다. 우리는 검찰이 회사를 기소하지 않은 사건을 투쟁의 힘으로 결국 기소하게 만들었다. 검찰과 싸워서 이겼다. 믿기 어려운 일들이 벌어졌다. 우리의 힘이 얼마나 대단한지 우리도 놀랐다. 찌질하게 살던 우리는 난생처음 삶의 위대함을 느꼈다.

우리는 박근혜 정부 2년, 문재인 정부 5년, 윤석열 정부 2년을 해고자로 살았다. 해고자로 3명의 대통령을 맞이할 줄은 꿈에도 몰랐다. 2016년 11월 겨울부터 2017년 5월까지는 광화문에서 비닐을 치고 7개월간 농성을 했다. 박근혜 퇴진을 매일매일 외쳤다. 광화문에서 비정규직, 정리해고 제도 문제를 걸고 고공농성까지 진행했다. 광화문의 거대한 촛불을 보면서 가슴이 뛰었다. 세상이 달라질 줄 알았다. 문재인 정부가 당선되면서 우리 문제도 해결될 줄 알았다. 착각이었다. 문재인 정부 5년간 우리는 변함없이 해고자로 살았고, 다시 윤석열 정부를 만나야 했다. 두 번의 정권이 바뀌는 동안 싸우면서 알게 되었다. 비정규직 문제는 누가 대신 해결해주지 않는다. 누군가에게 기대하면 할수록 실망만 커진다. 비정규직 문제는 비정규직 당사자가 스스로 목소리를 내고, 스스로 힘을 확대해 나가야 하는 것을 깨달았다.

3321일을 거리에서 싸웠다. 우리의 싸움은 9년 2개월 만에 끝이 났다. 2024년 7월 11일 대법원은 '해고자 22명을 정규직으로 고용하라'는 판결을 내렸다. 2015년 해고되어, 2024년 다시 공장으로 출근하게 되었다. 믿기지 않았다. 우리는 9년간 들어가지 못했던 공장 정문으로 웃으며 출근했다. 인사총무팀은 우리를 모아놓고 앞으로 한 달간 진행할 교육에 대하여 설명했다. 듣고 있던 조합원 한 명이 큰소리로 이렇게 말했다.

"개인물품부터 찾으러 갑시다!"

조합원은 9년간 개인 사물함에 두었던 개인물품부터 찾아야 한다고 말했다. 회사는 다음날 캐비넷에 물건을 찾을 수 있도록 준비하겠다고 말했다. 다음날 출근하자마자 회사 관리자는 캐비넷이 있는 곳으로 우리를 안내했다. 22개의 캐비넷만 따로 보관되어 있었다. 우리는 9년간 간직한 캐비넷 열쇠를 노조 조끼 주머니에서 꺼냈다. 각자 캐비넷 문을 열었다. 조합원들은 다 같이 환성을 질렀다. 순간 9년 전으로 되돌아갔다. 캐비넷에 갇혀 있던 2015년 6월의 공기와 2024년 8월의 공기가 만났다. 캐비넷을 열자마자 시공간이 뒤섞였다. 9년간 갇혀 있었던 컵라면이 자유를 얻자마자 튀어나왔다. 아껴서 신으려고 한 번도 신지 않았던 안전화, 목장갑 등이 쏟아져 나왔다. 단결 투쟁이 적힌 붉은 머리띠도 나왔다. 조합원들 손에 들린 물품들이 신이 나서 춤을 췄다. 9년간 포기하지 않고 간직한 열쇠가 빛나는 순간이었다.

9년 만에 출근은 하루하루 박진감이 넘쳤다. 출근하는 일이 이렇게 행복한 일인지 미처 몰랐다. 농성장에서 먹고 자면서 물과 전기의 소중함을 알았듯이, 일하고 월급 받는 일이 얼마나 행복한 일인지 새롭게 느꼈다.

우리는 정규직이 되었다. 비정규직에서 정규직으로 신분이 바뀌었다. 출입증은 사원증이 되었고, 나일론 작업복은 면 작업복으로 바뀌었다. 신기했다. 절대 끝나지 않을 것 같은 투쟁이 끝났고, 투쟁이 끝나자마자 발 딛는 세상이 달라졌다. 정규직이 되면서 현장 노동 강도는 절반으로 줄었고, 임금은 두 배가 되었다. 정규직과 비정규직의 차이는 극명했다. 어떻게 이럴 수 있을까?

기업은 비정규직 노동조합 하나를 인정하지 않으려고 엄청난 비용을 사용했다. 대형 로펌과 손잡고 불법을 감추며 노동조합을 깨려고 갖은 수를 다 사용했다. 불법 행위가 드러나고 회사는 민, 형사상 모든 책임을 떠안았다. 문제는 불법 행위가 명백한 사건을 바로잡는 데 걸린 시간이다. 지연된 정의는 정의가 아니란 말처럼, 9년의 시간은 우리 사회제도가 정상적으로 작동하지 않은 것을 보여주는 일이다. 9년은 길어도 너무 긴 시간이다. 어떤 노동자가 9년을 버티며 부당함에 맞설 수 있는가. 부당함에 맞서기 위해서 장기 해고자로 살아간다는 것이 얼마나 끔찍한 일인가. 법은 신속하고 공정해야 한다. 우리는 불법을 자행한 기업보다 불법을 바로잡지 않는 사회제도가 더 미웠다. 그럼에도 우리는 싸워서 승리했다.

세상이 아름다워 보이는 행복한 날들을 보낸다. 시간이 갈수록 목에 가시가 걸린 것처럼 불편하다. '우리만 이렇게 행복해도 되는가'라는 생각이 자꾸 든다. 우리와 함께 싸운 많은 비정규직 동지가 여전히 거리에 서 있기 때문이다. 9년 2개월의 우리 투쟁은 어떤 의미일까? 자존감이 생기며 거침없이 변화되는 시간이었다. 우리 투쟁이 세상을 바꾸지는 못했지만, 우리가 발 딛고 있는 주변만큼은 분명히 바꿔냈다. 세상은 아주 작은 투쟁으로도 조금씩, 아주 조금씩 바뀌는 것이라 믿는다. 우리는 소수지만 기업과 행정기관, 사법기관에 맞서 승리할 수 있다는 것을 보여줬다. 언제 끝날지 몰라 힘들었던 시간이 이제는 아름다운 추억이 되었다. 평생 겪지 못할 꿈같은 일들을 경험했다. 투쟁해 본 사람은 안다. 투쟁하는 것이 얼마나 위대한 일인지.

차 헌 호

죄송합니다

더 이상 참을 수 없다. 노조를 만들지 않으면 도저히 견디기 힘든 상황이다. 관리자들은 우리가 현장에서 일하다가 조금만 잘못하면 징벌 조끼를 입혔다. 아무리 비정규직이라고 해도 40대, 50대 가장들이 징벌 조끼를 입고 일해야 하는 모멸감은 참기 힘들었나. 인권도 없는 공상이었다. 섬심시산 20분, 해도 해도 너무하다. 20분 만에 밥을 먹고 허겁지겁 생산라인을 돌려야 했다. 우리는 기계처럼 일했다. 나는 노조를 만들 작정을 하고, 현장 사람들을 만나기 시작했다.

"노동조합 같이 해봅시다. 더 이상 참을 수 없습니다!"

"좋습니다."

생각보다 쉬웠다. 사람들을 만나 노조를 함께 만들자고 얘기하면, 다들 좋다고 말했다. 만나는 사람마다 함께하기로 결의했다. 모든 것이 순조롭게 잘될 것 같았다.

하지만 현실은 가혹했다. 비정규직 노동조합은 호락호락하지 않았다. 어떻게 눈치를 챘는지 회사는 노조 설립을 알고 권고사직을 요구했다. 권고사직을 거부하고 버티자 다른 회사와 하청 계약을 맺고, 다른 업체로 나를 인사이동을 시켰다. 나는 부당한 인사이동을 거부했다. 그랬더니 공장 출입을 금지했다. 희한한 일들이 벌어졌다. 우리는 노조 설립 디데이를 정하고, 사람들을 열심히 조직했다. 나는 공장에서 쫓겨났지만, 공장에 몰래 들어가 사람들이 많이 모인 조회 시간에 노조 설립 선포를 발표하기로 마음먹었다.

드디어 결전의 날이 되었다. 밤 10시 30분, 야간 근무를 위해 출근하는 동료의 자가용 트렁크에 몸을 숨긴 채, 경비가 지키는 정문을 지나 공장 안으로 몰래 들어갔다. 가슴이 두근두근 긴장이 됐지만, 태연한 척 심호흡을 했다. 공장으로 향하는 차량이 출발하자, 놀이기구를 탄 것처럼 몸이 이리저리 흔들렸다. 짧은 시간이지만, 빛도 없는 깜깜한 트렁크 안에 홀로 누워 있으니 별의 별 생각이 다 들었다.

작전은 성공했다. 정문을 무사히 통과하고 50명이 모인 휴게실까지 조용히 들어갔다. 현장 동료들이 일을 하기 전에 반장이 진행하는 조회를 위해 모여 있었다. 나는 앉아 있는 사람들 앞으로 나갔다.

"여러분, 내일 노조를 설립합니다. 모두 노조에 가입해주십시오!"

"비정규직도 노동조합을 할 수 있습니다. 노조가 있어야 현장이 달라집니다."

"다 같이 구호를 외치겠습니다. 민주 노조 쟁취하고, 인간답게 살아보자!"

미리 구호 연습을 해본 몇몇 사람들은 어설프게 팔뚝질을 하며 함께 구호를 외쳤다. 우리가 공장 안에서 외친 최초의 구호였다. 아무 것도 몰랐던 일부 사람들은 눈을 동그랗게 뜨고, '이게 무슨 일이지?'라며 놀란 표정을 지었다. 몇 분이 지나자 어떻게 알았는지 정문 경비들이 숨을 헐떡이며 달려왔다. 젊은 경비들은 내 팔을 양쪽에서 잡고 끌어내리려고 힘을 썼다. 나는 팔을 뿌리치며 건드리지 말라며 소리치고 당당하게 걸어서 나왔다. 한 편의 영화 같은 일이있다. 우리가 의도한 대로 이뤄졌다. 다음날 공장 안에는 소문이 자자했다. 회사는 비상대책회의를 열었다. 지성이면 감천이라고 우리의 노력을 하늘이 도왔는지 비정규직 140명이 노조에 단번에 가입했다. 비정규직 노조가 설립되었다. 꿈꿨던 노조가 드디어 설립되었다. 가슴이 터지도록 기뻤다.

기쁨은 오래가지 않았다. 원청은 노조를 만든 하청업체 비정규직 178명을 모두 문자 한 통으로 해고했다. 잠 못 이루며 노조를 만든 우리의 노력이 물거품이 되었다. 허무했다. 정문에는 용역 경비 100명이 배치되었다. 상황은 순식간에 역전되었다. 공장에서 쫓겨난 우리는 천막 농성장을 차렸다. 천막 농성 일주일 되는 날 안재우 조합원의 아들이 태어났다. 첫째가 두 살인데, 둘째가 태어났다. 안재우 조합원은 입사한 지 짬밥 3개월 밖에 안 된 신입이다. 공장은 짬밥을 엄청 중요하게 여겼다. 마치 군대 같은 분위기다. 군대처럼 공장도 고참 잘 만나야 공장 생활을 편하게 오래 할 수 있다. 공장 짬밥이 작으면, 늘 눈치를 봐야 한다. 웃기는 일이다. 우리는 하루아침에 해고되어 앞으로 어떻게 할지 걱정에 사로잡혔다. 안재우 조합원의 아이가 태어났지만, 제대로 축하해주지 못했다.

해고 투쟁이 본격적으로 시작됐다. 우리는 조를 짜서 조직을 운영했다. 한 조에 대략 10여 명씩 10개 조를 만들었다. 시청 앞에도 천막을 쳤다. 두 개의 농성장을 운영했다. 2개 조는 시청 천막과 공장 천막을 각각 지켜야 했다. 10개 조가 돌아가면서 농성장을 사수했다. 100명이 넘는 인원이 매일 농성장에 모여서 집회와 회의를 진행했다. 말들이 많았다. 다들 심리적으로 불안했다. '다시 회사로 돌아갈 수 있을까?'라는 의구심이 생겼다. 회의에서도 말들이 많았다. 조별로 매일 출석을 체크했다. 못 나오는 사람들이 자꾸 늘어났다. 진짜 일이 있어서 못 나오는 것인지,

거짓말로 일을 만드는 것인지 알 수 없었다. 안재우 조합원은 방금 태어난 둘째 아이 때문에 오후에 가끔 일찍 가봐야 한다는 애기를 했다. 처음에는 그러려니 했다. 그런데 자꾸 빠지는 날이 늘어나면서 일부러 일정을 하기 싫어서 아이 핑계 대는 것 아니냐는 말들을 했다. 누군가 그런 얘기를 꺼냈다. 그런 얘기를 몇 번 듣고 보니 더욱 그렇게 느껴졌다.

'국방부 시계는 멈추지 않는다'라는 말처럼 시간이 빨리도 갔다. 3년이 흘렀다. 투쟁을 포기한 조합원들은 떠나갔고, 끝까지 싸운다고 마음먹은 조합원 22명이 남았다. 우리는 22명이면 충분했다. 작은 인원이 남았다는 생각은 아무도 하지 않았다. 우리는 전국을 싸돌아다녔다. 바쁜 투쟁 일정으로 시간 가는 줄 몰랐다. 투쟁하는 노동자들이 있는 곳이면 어디든 달려갔다. 안재우 조합원도 열심히 활동했다. 하지만 가끔 아이 핑계를 대면서 일정을 빠지는 날들이 있었다. 우리는 그냥 가끔 일정을 빠지는 조합원으로 여겼다.

어느 날이었다. 아침 선전전을 마치고, 끓인 라면을 단체로 먹은 뒤 농성장에서 전체 회의를 진행했다. 안건은 주로 일정에 관한 것이었다. 회의를 하는 중에 안재우 조합원이 할 말이 있다고 했다. '또 아이 얘기를 하려나' 하고 다들 얘기를 집중해서 들었다. 안재우 조합원이 말했다.

"둘째 아들이 말하는 게 좀 늦어서 병원에 데려갔더니, 지적

장애라고 합니다."

안재우 조합원은 어두운 표정으로 조용하게 말했다. 순간 농성장이 조용했다. 농성장 시간이 멈춘 듯했다. 나는 할 말을 잃었다. 회의는 어찌 끝났는지도 모르게 마무리 되었다.

며칠간 '지적장애'라는 말이 머리를 계속 맴돌았다. 오전 일정이 일찍 끝난 어느 날, 나는 안재우 조합원에게 커피 한잔 하자고 제안했다. 편의점에서 커피를 두 개 사서 편의점 야외 벤치에 둘이 마주 앉았다. 그러고 보니 둘이 마주 앉아 커피를 마시는 일은 처음이었다. 내가 먼저 말을 시작했다.

"아이는 괜찮아요?"

"네. 괜찮습니다."

그는 웃으며 말했다. 나는 솔직하게 말하기로 마음먹었다. 그동안 아이 때문에 일정을 빠질 때마다 좋지 않게 생각했다고 말했다. 안재우 조합원은 사람들이 짬밥 3개월밖에 안된 자기가 남아서 투쟁하는 것도 좋아하지 않은 것처럼 느꼈다고 했다. 아이 때문에 일정을 빠지는 날도 있어서 눈치를 보며 힘들었다고 했다. 그래서 투쟁을 포기하고 그만둘 생각을 수십 번 했지만, 끝까지 참았다고 했다. 그는 자기가 공장을 다닌 시간이 3개월밖에 안 됐지만, 문자 한 통으로 해고당하면 억울한 것은 똑같다고 말했다. 나는 순간 멍했다. 너무나 당연한 사실을 나는 왜 몰랐을까. 부끄러웠다. 우리 노조가 민주 노조라며 자랑스럽게 생각했는데, 민주 노조가 아니라는 생각이 들었다.

월요일 아침, 전체 회의를 하기 위해서 농성장에 둘러앉았다. 회의를 시작했다. 나는 먼저 안재우 조합원에 대해 할 말이 있다고 했다.

"재우 동지 아들이 지적장애 판정을 받았습니다. 지난 시간 일정을 못할 때마다 충분히 이해하지 못했던 점, 죄송하다고 말씀드리고 싶습니다. 지회에서 충분히 이해하고 공감하지 못했습니다. 많이 부족했습니다. 죄송합니다."

사람들은 고개를 숙이고 말이 없었다. 안재우 조합원이 투쟁을 그만두지 않고 버텨준 것이 고마웠다. 만약 그가 우리를 꼴도 보기 싫어서 투쟁을 그만두고 떠나버렸다면, 우리가 어떻게 기억될지 생각만 해도 아찔했다. 어떤 일에 대해 겉으로 드러나는 모습만이 전부가 아니라는 것을 깊이 깨달았다.

그 이후 안재우 조합원은 후원 주점이나 행사가 있을 때마다 아들을 데리고 참석했다. 그는 참석하기 전에 항상 내게 물었다.

"지 회장님, 아이하고 같이 가도 됩니까?"

"당연하지요. 같이 와요."

나는 웃으며 반갑게 대답했다. 아들을 꼭 데려오라고 했다. 우리는 해고당한 해에 태어난 아들을 가끔 만났다.

투쟁은 쉽게 끝나지 않았다. 투쟁은 생각보다 훨씬 길어졌다. 9년 2개월 만에 끝이 났다. 놀랍게도 우리가 이겼다. 질기게 버티고 견뎌낸 우리가 결국 승리했다. 기분이 좋아서 하늘을 날듯이 기뻤다. 대법원 판결이 있었던 2024년 7월 11일은 평생 잊을 수 없는 날이다.

우리는 정규직이 되었다. 9년을 해고자로 살다가 출근하는 일상이 너무나 행복하다. 매일 아침 출근하는 길에 저 멀리 보이는 산이 아름답다. 나는 복직해서 안재우 조합원과 같은 현장에서 함께 일한다. 가끔 아들의 안부를 묻는다.

"아들은 괜찮아요?"

"초등학교 4학년인데 한글을 자기 이름 밖에 못써요. 걱정이지요."

안재우 조합원은 애써 웃으며 말한다. 나는 그래도 아들이 건강하게 잘 자라줘서 다행이라며 위로한다. 사실 무슨 말을 해야 할지 잘 모르겠다. 계속 미안한 마음만 있다. 안재우 조합원은 그래도 요즘 행복한 일이 생겼다고 했다. 투쟁이 끝이 나고, 지금은 월급을 받아서 일주일에 한 번씩 아들에게 통닭과 피자를 사줄 수 있어서 너무 행복하다고 했다. 우리가 승리해서 천만다행이라는 생각이 들었다. 우리가 보낸 지난 9년은 각자에게 얼마나 힘든 시간이었을까? 꿈같은 시간이지만 우리끼리 지지고 볶은 세월은 무엇과도 바꿀 수 없는 소중한 시간이다.

민주 노조가 무엇일까? 상대를 배려하고 이해하는 것이 무엇일까? 수많은 일을 겪었지만, 아직도 잘 모르겠다. 장기 투쟁을 하다 보면 생각지도 못한 일들이 벌어진다. 누구만 일정을 많이 하고, 누구만 농성을 많이 하고, 누구만 연대를 하는 곳에 많이 가고…… 우리끼리 서로 싸우기도 한다. 서로 이해하고 함께하는 것은 쉽지 않은 일이다.

우리는 "동지를 믿고, 나를 믿고, 끝까지 투쟁하자!"라는 구호를 외친다. 어쩌면 서로 믿지 못하기 때문에 이런 구호를 외치는 것일 수 있다.

9년을 함께 먹고, 함께 투쟁하면 지긋지긋한 관계가 된다. 가족보다 더 많은 시간을 함께 보냈다. 우리끼리 표정만 봐도 기분이 좋은지, 기분이 나쁜지 알 수 있다. 우리는 그만큼 속을 잘 아는 가까운 사이다. 우리가 9년을 싸울 수 있었던 힘은, 생사고락을 함께한 동료들이 있기 때문이다.

우리는 끝내 승리했다. 투쟁의 승리가 아니라, 관계의 승리다. 끝까지 손을 놓지 않고 함께한 우리 관계가 승리했다. 우리의 승리는 비정규직 투쟁에 길이 남을 역사가 되었다. 그 역사가 우리의 가슴 속에도 깊이 박혀 있다. 22명이 보기 드문 단결력을 발휘하며 우리는 끝까지 싸워서 승리했다.

---

* 안재우 조합원의 이름은 가명을 사용했습니다. 당사자의 동의를 얻고 글을 작성했습니다.

'해고자로 살아온 9년의 시간'을 글로 잘 담아내면 좋겠다는 얘기를 많이 들었습니다. 9년간의 해고 투쟁과 긴 시간, 우여곡절 끝에 승리하여 다시 현장에 복직한 것은 살아가면서 경험하기 어려운 일입니다. 고통과 슬픔, 기쁨이 교차하는 수많은 일들이 있었습니다. 자본으로부터 받은 상처와 압박도 크지만, 동료들끼리 주고받는 상처도 이루 말할 수 없습니다. 어려움에 처한 상황에서 불의에 굴복하지 않고, 자존심을 지키려는 노동자들의 분투를 잘 담아내고 싶었습니다. 하지만 부족한 생각과 표현의 한계로 다 담아내지 못한 아쉬움이 있습니다. 그럼에도 가작으로 선정해주셔서 행복합니다.

22명 노동자들의 투쟁에 전하는 상입니다. 전태일문학상은 9년의 시간을 포기하지 않고 싸운 노동자들을 위로하는 상이라고 생각합니다. 아사히 투쟁에 함께해주신 모든 분들에게 다시 한번 감사드립니다.

전태일문학상 가작   **9년을 간직한 열쇠 외 1편**

차 헌 호

1973년에 태어났으며, 현재 금속노조 아사히글라스비정규직지회장으로 있다. 2015년 아사히글라스 하청업체에서 노동조합 설립, 한 달 만에 문자 한 통으로 해고되어 9년 2개월 동안 해고 투쟁을 이어갔다. 2024년 7월 11일 대법원 판결로 정규직으로 현장에 복귀했다. 쓴 책으로 『공장은 노동자의 것이다』와 조합원들과 함께 쓴 『들꽃, 공단에 피다』가 있다.

제33회 전태일문학상

심
사
평

우리는 타인을 이해하기 어려운 사회에서 살아가고 있습니다. 각자 태어나고 자란 환경에 따라 개개인이 살아갈 삶의 형태가 극명히 나뉩니다. 더 많은 지향과 이해관계가 생겨난 만큼 공감과 보편 의식이 차츰 사라져가는 요즘, 연대는 지극히 이루어내기 어려운 가치가 되었습니다. 제33회 전태일문학상은 연대를 가로막는 벽에 균열을 내고자 하는 시도입니다. 이에 따라 시와 소설 같은 문학의 영역에서 벗어나 다양한 목소리를 모으는 데 주력했습니다.

'액화노동'이라는 용어가 있습니다. 우리가 전통적으로 '노동'이라 불러왔던 행위에는 빠져선 안 될 필수 요소가 존재했습니다. 시간, 장소, 고용인, 법정 임금 등. 덜 발전한 사회였기에 불가피했던 이러한 제약들은 노동자가 가진 최소한의 안전장치였습니다. 법의 사각지대가 끊임없이 드러나고, 기술이 점차

발달하면서 이 안전장치들은 점차 녹아내렸습니다. 액화노동은 번듯한 노동 대신, 비정규직이나 초단기 일자리 혹은 플랫폼노동처럼 불안전해진 토대에서 이루어지는 형태의 돈벌이를 뜻합니다.

최우수작과 우수작 두 작품은 이 액화노동의 토대 위에서 이야기를 시작합니다. 액화노동의 특징은 대부분의 사람들이 하고 싶어하는 일이 아니며, 갖고 싶은 직업 또한 아니라는 점입니다. 두 작품은 비록 척박한 노동환경에 던져졌음에도 최선을 다하려 한 노동자들의 이야기입니다.

최우수작 「우편화물차량 운전기사가 되기까지」는 더없이 솔직한 회고록입니다. 인간은 본래 자신을 과대평가하도록 설계된 존재입니다. 아무리 못해도 평균, 적어도 평범함을 전제합니다. 그래서 대부분의 노동 수기는 '자신이 평균에 미치지 못함'을 털어놓지 않습니다. 하지만 이 작품은 그런 인간 본성을 거부하면서 시작합니다. 화물차 기사로서 많은 실수를 했으며, 이를 수습하는 과정에서 동료들의 도움을 줄곧 받아왔다는 사실을 고백합니다. 계약직, 즉 액화노동의 종사자였지만 세상을 탓하지 않고 꾸준히 노력해 정규직을 따냅니다. 글쓴이는 기어이 원하던 자리에 올라갔음에도 '사다리를 걷어차지' 않습니다. 노동조합 지부장 자리에 출마하여 자신의 과거와 비슷한 처지의 노동자들을 위해 활동하고자 합니다. 뇌성마비인 자신의 처지에 비관하지 않고, 암담한 노동 현실을 노동자 간 연대로 돌파해낸 글쓴이에게 박수를 보내고 싶습니다.

우수작 「언덕 위의 선생님」은 액화노동이 일을 잘하고 싶은 마음마저 녹여버리는 과정을 보여줍니다. 글쓴이가 인솔 교사로 일하며 보낸 시간은 고작 닷새입니다만, 노동시장의 모순을 드러내기에 전혀 부족함이 없는 기간이었습니다. 고용 주체는 노동자에게 열심히 최선을 다하라고 다그치지만, 정작 그만한 대우를 할 생각이 없습니다. 제도가 따라가 주질 못 하니 처벌할 방법도 없습니다. 여기서 노동자가 취할 수 있는 합리적 전략은 기껏해야 '눈치껏 적당히 하기'뿐입니다. 작품 속에선 불합리 속에서도 내 노동에 최선을 다하려 하는 태도, 내 노동을 잘 수행하려는 마음이 짓밟히는 현실이 몇 번이고 교차합니다. 일한 만큼의 보상이 따르지 않고, 정당한 대우를 요구하면 유난 떨기로 치부하는, 청년들이 처한 현재 노동 현실 전반을 관통하는 작품이었습니다.

제33회 전태일문학상은 언제나처럼 노동의 현장에 주목하며, 노동하는 '사람'의 이야기를 모으고자 했습니다. 일하고, 돌보고, 투쟁하며 삶을 살아가는 여성, 장애인, 성소수자 등 다양한 사람들의 이야기를 만날 수 있어 반가웠습니다. 비록 모든 이야기를 수상작으로 선보일 수 없어 아쉽지만, 지난겨울 광장을 잇는 힘으로 다양한 현장의 이야기가 앞으로 더욱 생동하길 바랍니다.

12월 3일 계엄 시도는 민주주의 전복의 위기였지만, 늘 '나중'으로 밀려나던 사회적 소수자들이 민주주의를 지키는 주체가 되어 광장을 일구는 계기이기도 했습니다. 동시에, 그동안 억눌려 왔던 사회적 약자의 목소리들이 쏟아져 나온 계기이기도 했습니다. 이 또한 우리 시대 전태일의 목소리일 것입니다. 가작에는 노동뿐만 아니라 전태일이 약자 간 상조를 시도했던 바보회의 정신에 부합하는 작품 또한 포함되었습니다. 소중한 원고를 보내주신 150명의 글쓴이 여러분께 진심으로 감사드립니다.

심사위원

서고은(소설가), 오혜진(평론가), 천현우(작가)

제33회 전태일문학상   전 태 일 작 가 상

『두 사람의 인터내셔널』

김
기
태

공터 아닌 공터에서

김 기 태

2022년 동아일보 신춘문예에 단편소설을 발표하며 활동을 시작했다.
소설집 『두 사람의 인터내셔널』이 있다.

십여 년 전 늦은 밤, 혼자 청계천을 따라 걸었다. 광화문이나 종각 근방에서 싱거운 술자리 따위가 끝난 뒤였지 싶다. 누구를 무슨 용건으로 만났었는지는 전혀 기억나지 않지만, 온난한 밤공기와 시원한 바람은 살갗에 남아 있다. 사람들이 "집에 들어가기 아깝다"라며 공원 벤치에서 담소를 나누고 노천 테이블에서 맥주를 마시는, 일 년에 며칠 정도만 이어지는 시기였다. 그런 날씨를 즐기고 싶었는지 아니면 택시를 찾고 있었는지, 아무튼 나는 걸었다. 광교 사거리와 청계3가 사거리 사이쯤, 을지로 방면에는 손꼽히는 대기업의 사옥들이 빛났고, 종로 방면 '젊음의 거리'에는 네온사인이 현란한 술집이 즐비했다. 막 야근을 끝내고 홀가분해진 사무원들, 노천 테이블에서 건배하는 술꾼들, 벤치에서 속닥이는 연인들, 물이 흐르고 사람들이 웃는 소리, 상쾌한 바람에 섞인 수초 향기…… 나는 그 도시의 일부로서 약간의 친애를 느끼고 있었다.

날씨가 날씨이니만큼 천변의 커다란 맥줏집 하나가 폴딩도어를 활짝 열고 영업 중이었다. 안쪽은 물론 길가에 내어 놓은 테이블까지 손님들로 흥성거렸다. 막 성인이 된 듯한 젊은이도 넥타이를 느슨히 맨 중년의 회사원도 시원한 맥주를 마시며 그날의 피로를 풀고 있었다. 한쪽 벽에 설치된 대형 텔레비전에서는 프로야구 중계가 한창이었는데, 화면이 워낙 크고 길가를 향해 있어서 밖에서도 잘 보였다. 한편, 맥줏집과 일차선 도로 하나를 사이에 두고, 맞은편 인도 경계석에 검고 마른 어르신이 걸터앉아 있었다. 주머니가 많은 조끼는 닳고 얼룩졌고, 밖으로 튀어나온 앙상한 팔에는 오랜 노동의 흔적이 선명했다. 어르신은 폐지며 고물이 층층이 실린 리어카를 옆에 세워두고, 맥줏집에서 틀어둔 야구 중계를 보는 중이었다.

증권사의 유리 마천루 아래, 콘크리트 하천과 생맥주와 프로야구, 그리고 수레 끄는 노인…… 이 장면에서 내가 강한 정서적 충격을 받았다거나, 인간과 세계에 대해 무슨 깨달음을 얻었다는 건 아니다. 내 삶의 행로가 바뀌었다거나 그런 이야기도 아니다. 나는 살던 대로 살았다. 다만 이 장면은 이상하게 잊히지 않고 하나의 원형적 이미지로 남아 있다.

나는 전태일과 거리가 먼 삶을 살았다. 풍족하진 않았지만, 굶고 헐벗은 일도 없었다. 살기 위해 무언가를 훔치거나 누군가를 속일 필요가 전혀 없이 부모의 지원으로 대학 교육까지 받았다. 불안정 노동 경험이 많다고도 할 수 없다. 쉽지 않은 아르바이트도 있었지만, 나는 그것들을 '젊은 날의 경험' 정도로 달게 받아들일 수 있는 형편이었다. 평생 할 필요는 없으며 언제든 그만둘 수 있다면 심각하게 괴로워지진 않는 법이다. 대학 졸업 후 첫 번째 직장은 오래 다니지 못했지만, 한두 해 재정비 후 적지 않은 이들이 비정규직으로 일하는 업계에서 빠르게 정규직이 됐고, 지금까지 십 년 이상 근무했다. 정말 부당하거나 이해할 수 없는 업무 지시는 거부할 수 있었으며, 치명적인 불이익은 받지 않았다. 정년과 연금이 보장되어 있었기 때문이다. 이러한 점들을 종합하면 나는 꽤 유복했다고 말할 수 있다.

물론 전태일적 삶이 어떤 불우만을 의미하지는 않는다. 그도 성인이 된 후에는 재단사로서 절대적 빈곤에서 벗어날 만한 여력은 있었다. 그 힘을 자신보다 열악한 조건에서 일하는 여공들과 시다들을 위해 썼다는 점이 전태일적 삶의 본질일 수 있다. 타인의 처지를 살피고 이를 개선하기 위해 헌신하는, '바보'라는 상징적 단어로 요약되는 삶 말이다. 그렇다면 내 삶은 전태일과 더욱 거리가 멀다. 나는 거의 모든 시간을 내 육체를 더 안락하게 먹이고 입히고 눕히는 데에, 또한 육체 못지않게 비대한 자아를 약간의 사치로 위무하는 데에 사용했다. 타인의 권리를 위해 목소리를 높인 일은 없었다. 굵직굵직한 노동운동 현장의 중심은커녕 주변에도 서 있었던 적이 없다. 보다 광범위한 주제로 많은 사람들이 광장으로 향했을 때도 나는 내 방에 있는 편이었다. 방금 헤아려봤는데, 나는 집회·시위에 시민으로 참여한 적보다 공권력의 손발로 출동한 적이 더 많다. 육군으로 입소했으나 뜻하지 않게 전투경찰로 차출되어 복무했기 때문이다. (노동자들과 어깨동무를 한 적은 없고 그 반대편에서 스크럼을 짠 적은 있다!) 하지만 그런 경험 때문에 광장을 멀리했던 건 전혀 아니다. 천성이라고 할 만한, 잠깐의 군 복무 따위보다 훨씬 뿌리 깊은 관성이 문제다. 심오한 존재론적 한계 같은 건 아니고 하찮은 관성들, 낯선 사람들이랑 얼굴 보고 대화하는 게 부담스러워서, 뭔가를 육성으로 외치는 게 어색해서, 또는 화장실을 원활히 이용할 수 없는 상황이 두려워서…… 처럼 남들이 들으면 조롱할 만한 이유로 나는 대개 내 방에 있기를 선택해왔다. 누구든 길에서 싸우는 게 신나고 재밌고 편안할 리는 없다. 그럼에도 어떤 이들은 윤리적 소명에 부응하여 기꺼이 거리로 나간다. 심지어 당사자가 아님에도 그렇다. 내가 그러지 못했을 뿐이다. 말하자면 나는 혓바닥만 길고 엉덩이는 굉장히 무거운…… 구제 불능의 내향인이다. 이쯤에서 전태일작가상의 수상자로 나를 선정한 걸 실수라고 여겨도 어쩔 수 없다.

다시 청계천의 밤으로 돌아간다. 고층 빌딩과 네온사인 사이, 수레를 끌다가 맥줏집 안으로 들어가지는 못하고 도로변에 걸터앉아 야구를 보던 어르신…… 그 장면을 여러 번 곱씹었고, 구성 요소들을 하나하나 풀이해보고 싶기도 했다. 그건 시간이 꽤

걸릴 듯하므로 지금은 단순하게 말할 수밖에 없겠다.

나는 그 어르신이 어떤 사람인지 모른다. 평생 독재자를 비호하며 차별과 혐오 발언을 일삼았을 수도 있고, 사소하거나 중대한 위법 행위로 처벌받은 전력이 있을 수도 있다. 단지 평범한 삶에 무작위적인 불운이 결합되며 늦게까지 고된 노동을 해야 하는 처지에 놓였을 수도 있다. 어떤 사람인지는 모르지만, 나는 그가 사람이라는 것만은 안다. 그가 야구를 보고 있었기 때문이다. 그는 오직 수레를 끌도록 운명지어진 어떤 '기계'가 아니었다. 공을 던지고 때리고 달려서 득점하는, 그 게임을 보며 즐거움을 얻는 건 사람의 마음이다. 그가 다리도 아프고 목도 마를 수 있는 사람임을 새삼 생각하며, 나는 그 장면에서 불균형이랄지 부조화, 혹은 부당함이라고 부를 만한 무엇을 느꼈다. 어디에 호소해야 할지는 알 수 없으나, 그 감정을 단순한 주장으로 표현하자면 이렇다.

누구에게나 자기 몫의 의자와 맥주 한 잔은 있어야 한다.

이 주장은 오랫동안 마음속에만 있었다. 나는 명사인 '주장'을 어떻게 동사인 '주장하다'로 바꿔야 하는지 몰랐다. 모든 시민은 투표라는 최소한의 참여 수단을 가진다. 나에게도 비밀스러운 투표권이 있었지만, 그것으로 충분치 않다는 직관도 있었다. 투표 결과가, 아니 투표의 구도 자체가 번번이 실망스러웠기 때문이다. 그렇다면 내 주장에 호응하는 시위에 참석하여 목소리를 높일 수도 있었다. 그러나 앞서 변명했듯 나는 구제 불능의 내향인이라 발걸음이 떨어지지 않았다. 늘 궁금했다. 가장 소극적인 방법인 투표와, 가장 적극적인 방법인 시위 사이에는 무엇이 있을까.

투표장이거나 광장이거나. 소셜미디어를 새로고침 하다 보면, 둘 외에는 아무것도 없는 듯 느껴진다. 투표가 대의민주주의 국가에서 신성시된 건 어제오늘이 아니다. 근래에는 광장이 유일한 진정성의 무대로 여겨지며 블랙홀처럼 정치적 동력을 빨아들인다는 인상도 있다. 그래서인지 투표장과 광장 사이는 어떤 진공 상태, 혹은 불모의 공터 같기도 하다. 그러나 실제로는 그 공터에서 여러 사람의 노고로 많은 일이 이루어지고 있을 테다. 크고 작은 시민 조직들, 주민센터와 지방의회, 공청회와 세미나, 제보하고 청탁하고 민원을 넣고 함께 밥을 먹고 청소하고 대화하고……. 다양한 주체가 여러 갈등과 협상을 벌이며 더디게 전진하고 있는 이 영역이야말로 운동의 현장이리라 짐작한다. 하지만 좀처럼 보이지 않고 말해지지 않으므로 어쩐지 존재하지 않는 듯 착각된다.

누구에게나 자기 몫의 의자와 맥주 한 잔이 있어야 한다는 주장에 동의해줄 적지 않은 이들, 양심이라고 부를 만한 모종의 감수성을 공유하지만 거리로 나갈 만큼 적극적이진 않은 생활인들, 막연한 의무감과 부채감은 있지만 개인과 시민으로서의 삶

사이에서 마땅한 균형점을 찾지 못한 사람들은 그 공터 아닌 공터를 헤매고 있는 것 아닐까. 정치적 실천의 계기나 방법을 발견할 수 있기를, 누군가 등을 살짝 떠밀어주길 기대하면서 말이다. 일단 나는 그랬다. 구제 불능의 내향인인 나라도 수행할 수 있는 작은 역할을 찾고 싶었다. 나 자신도 너무 괴롭지 않으면서, 의자와 맥주를 마련하는 데에도 조금은 연루된 일이 뭘까. 지금까지의 탐색으로는 문학이 내게 최적의 자리인 듯하다. 안쪽으로 향함으로써 바깥쪽으로 나갈 수도 있는, 문학은 이상한 일이다.

　소설 쓰기는 그 자체로 즐겁다. 어떤 이들이 등산이나 뜨개질, 빵 굽기와 난초 기르기를 즐기듯 나는 단어와 문장을 만지작거리는 일이 재밌고 편하다. 그러나 제공되는 즐거움 이상으로 내가 소설 쓰기에 애착을 갖는 이유는, 그게 이 세계와 책임감 있는 관계를 맺을 수 있는 어떤 방식이기 때문이다. 소설은 소설이고 다른 무엇은 아니지만, 좌표를 따져보자면 나는 소설이 일기보다는 대자보에 인접한다고 생각한다. 그것은 어떤 입장에 바탕하여 작성되며, 불특정 다수에게 공개되고, 종종 수용자 개인 또는 집단의 변화를 야기할 수 있다는 점에서 그러하다.(대다수 행인은 그냥 지나친다는 점도 비슷하다) 어쨌든 나도 공터 아닌 공터를 헤매는 많은 사람들의 눈에 띄길 기대하며, 소설의 행간에 슬쩍 이런 주장을 적어놓을 수 있는 것이다.

누구에게나 자기 몫의 의자와 맥주 한 잔은 있어야 한다.

그렇게 공감대가 형성되길, 닮은 이들끼리 규합하길, 나보다 현명한 이들 사이에서 의자와 맥주를 보급할 대책이 강구되길, 그래서 다음 세대쯤 됐을 때는 날씨 좋은 계절이면 한 사람도 빠짐없이 의자에 앉아 맥주를 마실 수 있는 세상이 되길…… 나는 그런 천진하고 단순한 기대로 소설을 쓰기도 한다. 나이브하다거나 대가리가 꽃밭이라는 말을 들어도 어쩔 수 없다. 소설가조차 이상주의자가 될 수 없다면 누가 꿈을 말할 수 있을까. 나는 종종 아무 근거 없이 나팔을 불고 폭죽을 쏘고 싶다.

세상과 관계 맺는 방식으로서 문학이 가장 정의롭다거나 아름답다거나 효율적이라고 주장하고 싶은 건 전혀 아니다. 내가 감당할 수 있는 방식 중에 최선이라고 여길 따름이다. 다른 이에게도 각각 어울리는 방식이 있으리라 생각한다. 내가 괜히 내 유복과 내향의 역사를 자진 신고한 건, 투표장과 광장 사이에서 나처럼 머뭇거리고 있는 사람들에게 말을 걸고 싶어서이다. 내가 전태일이 아니듯, 아마 당신들도 전태일은 아닐 테다. 그러나 이 공터 아닌 공터에서는 이미 많은 일들이 벌어지고 있어서, 누구나 어울리는 역할을 하나쯤 찾을 수 있으리라 믿는다. 전태일이 될 수 없는 거지, 아무것도 될 수 없는 건 아니다.

제33회 전태일작가상

심
사
평

올해로 제33회를 맞는 전태일문학상에는 몇 가지 변화가 있었다. 대중 공모 부문을 에세이 단일 장르로 한정했고, 문학 부문은 장르를 통합하여 기성 작가의 작품에 수여하기로 했다. 대중 공모 부문의 장르를 축소한 데에 아쉬움이 적지 않았으나, 전태일문학상의 정신이 전태일의 일기에 뿌리를 두고 있는 만큼 누구나 자신의 삶의 현장에 대해 이야기할 수 있도록 에세이 장르를 확대했다. 대신 문학 부문은 '전태일작가상'을 신설하여 시와 소설, 에세이 등 장르를 막론하고 지난 한 해 동안 단행본으로 출간된 작품 가운데 선정했다. 전태일작가상은 동시대 한국문학 가운데 마이너리티가 처한 삶의 조건을 적실하게 포착하고 있는 작품을 선정하여, 작품이 모색한 공존과 공생의 제안을 '문학상'이라는 형식을 빌려 함께 나누고 모색하자는 취지로 마련되었다. 동시에 한국문학이 발견한 보다 나은 세계를 향한 가치들을 적극 수용하고 공유하면서 전태일 정신을 현재적이고 확장적으로 재구성하고자 하는 의도도 담겨 있다.

 이와 같은 취지로 올해는 김기태의 『두 사람의 인터내셔널』을 전태일작가상 수상작으로 선정했다. 『두 사람의 인터내셔널』에 수록된 단편들은 이미 자본주의가 무르익을 대로 무르익은 후에 태어난 세대, 무언가를 이루기 위해 골몰해보기도 전에 불이익을 당하지 않기 위한 지혜부터 배워야 했던 세대가 감각하는 오늘날 우리 사회를 담담하게 드러낸다. 정치적 구호나 급진적 사회 이론은 문화 상품으로, 혹은 보편 교양으로 지배체제에 편입되고, 더 나은 세계를 향한 변혁의 의지는 서로 다른 이해관계를 지닌 사람들 속에서 쉽게 길을 잃는다. 낭만적 필터가 소거된 세계에서는 사랑조차 TV쇼가 되거나, 호봉과 연금과 주택청약처럼 인생 설계의 일부로서만 의미를 지니기도 한다. 그러나 중요한 점은 김기태의 소설이 현실을 적확하게 포착하면서도 거짓된 희망과도 회의주의적 비관과도 손쉽게 타협하지 않는다는 것이다. 소설은 사랑이 인생 설계로, 공교육이 서비스 상품으로, 정치적 구호가 밈으로 포획되는 과정에서 발생하는 충돌과 파열을 포착하고, 그 속에서 자본주의 논리로 회수되지 않는 삶의 구체적인 감정들과 에너지를 탐구한다. 그러한 감정은 이미 세속적이고 규범적인 의미가 내포되어 있는 기존의 언어로 명명될 수 없어서, 이를 테면 사랑이나 결혼 대신 '친한 사이'라는 소박한 말로 표현될 뿐이지만, 작가는 단 두 사람만으로도 마이너리티의 공동체가 가능함을 보여준다. 소설 속 '두 사람의 인터내셔널'은 자기 확신으로 가득 찬 거대한 신념의 얼굴을 하지 않았다. 그것은 떠도는 인터넷 밈과 함께 농담처럼 유령처럼 일상에 출몰한다. 또 하나의 유령이 세계를 배회하고 있다. 우리는 김기태의 소설을 통해 아직 규정할 수 없는 '그것'을 감지한다. 세상에서 가장 작은 인터내셔널을 함께 펼쳐 나가고자 『두 사람의 인터내셔널』에 전태일문학상을 수여한다.

심사위원

김건형(평론가), 김보경(평론가), 이지은(평론가)

제33회 전태일문학상 수상작품집

나는 자존감 높은 우편화물 기사

2025년 11월 13일 초판 1쇄 발행

지은이   공창덕 외
펴낸이   박승흡

펴낸곳   재단법인 전태일재단
등록   2010년 1월 14일 2010-000003
전화   02-3672-4138
팩스   02-3672-4139
주소   03101 서울시 종로구 창신길 39-10
이메일   chuntaeil@chuntaeil.org
홈페이지 https://chuntaeil.org

인쇄   아람P&B

도서 · 주문 · 영업대행 : 책의미래
주소   04018 서울시 마포구 월드컵로 65, 302호
전화   02-332-0815
팩스   02-6003-1958

ISBN 978-89-961874-0-0 03810